优秀的人，都懂得自我管理

志 昭 ◎ 著

中国华侨出版社
北京

图书在版编目（CIP）数据

优秀的人，都懂得自我管理/志昭著.—北京：中国华侨出版社，2018.3
 ISBN 978-7-5113-7427-1

Ⅰ.①优… Ⅱ.①志… Ⅲ.①自我管理学 Ⅳ.① C936

中国版本图书馆 CIP 数据核字（2018）第 020267 号

优秀的人，都懂得自我管理

著　　者 / 志　昭
责任编辑 / 嘉　嘉
责任校对 / 高晓华
经　　销 / 新华书店
开　　本 / 880 毫米 ×1230 毫米　1/32　印张 /9　字数 /200 千字
印　　刷 / 北京溢漾印刷有限公司
版　　次 / 2022 年 2 月第 1 版第 3 次印刷
书　　号 / ISBN 978-7-5113-7427-1
定　　价 / 36.00 元

中国华侨出版社　北京市朝阳区静安里 26 号通成达大厦 3 层　邮编：100028
法律顾问：陈鹰律师事务所
编辑部：（010）64443056　64443979
发行部：（010）64443051　传真：（010）64439708
网　址：www.oveaschin.com
E-mail：oveaschin@sina.com

前言

如果你认为自己用心了,却还在原地踏步;努力了,却没有取得理想的成就;负责了,却还是不能脱颖而出。究其根本原因,那是因为你没有坚持到底的恒心,缺乏自控力。

现代社会,快节奏的生活使每一个人都承受着巨大的压力,人们开始变得浮躁不安。因此,梦想着一举成名、一夜暴富的人也越来越多。极少数的人因为幸运而得到了自己想要的,但大多数人都无法实现那超越了现实的梦想,随之便产生了怨天尤人、牢骚满腹的负面情绪,这不仅无助于生活和事业的发展,还会起到一种阻滞的作用。

面对色彩斑斓的诱惑,许多人渐渐迷失在追名逐利的洪流中,甚至开始放纵自己,通过各种各样的方式来麻醉自己的灵魂,结果只能是伤人伤己、自欺欺人。因此,培养自控力已变得至关重要。一个人只有拥有一种超强的自控力,才能够有效地管理自己、管理人生。

自控力,即自我控制的能力,指对一个人自身的冲动、感情、欲望施加的正确控制。广义的自控力指对自己的周围事件、对自己的现在和未来的控制感。自控力能支配你的成功或者失败,支配你的人际关系,支配你的人生走向。自我控制,也是一种对自身性格和欲望的控制能力，一旦失控，人将变得随心所欲。一切法律条文、道德规范都是"他律"，只有发自内心的反省、认识才是自我管理能力。

　　金无足赤，人无完人。有错误和缺点不怕，可怕的是无视它们，不去改正它们。懂得自控的人应该经常检查自己，对自己的言行进行自省，从而改正缺点、获得进步，这是严于律己的表现，也是不断进取的重要方法和途径；懂得自控的人，还应该是一个懂得自爱、善于自控的人，能够转化自己的负面能量，以乐观积极的态度笑对人生；懂得自控的人，明于自知，能够认清自我、改变自我、战胜自我；懂得自控的人，能够养成良好的行为习惯，身心健康，品行高尚。

　　自控力，是一个人自我修养的起点和基本要求，也是一个人行动自由所必需的条件。它能帮助一个人排解内心的不良情绪，从而建立良好的人际关系。要培养自己的自我控制能力，必须做到有才而不乱用、有智而不尽显。一个人能够做到自控，说明他做人的修养已达到了较高的境界。

　　自控能力的强弱程度并不是天生的，而是靠后天培养的。人们可以通过在生活和工作中的点滴经历逐渐培养自我审视、自我批评、自我改正的能力，从而练就强大的自控力，在掌控自己的人生路上如鱼得水。

　　如何才能拥有自控力？如何有效地控制自己？通过阅读本书，你会发现解答这些问题的答案。自控力，其实就是自己管理自己、自己管好自己，因为人世间最顽固的"敌人"是自己，最难战胜的也是自己。陀思妥耶夫斯基曾言道："如若你想征服全世界，你就得征服自己。"相信自控力能为你的心灵指明方向，助你坚持不懈地克服自己、战胜自己、超越自己，最终到达成功的彼岸。

目录
contents

上篇
管理自己，优秀源于自控力

第1章 奋斗的一生，是雕刻自己的一生

1. 自律，是一种不可或缺的力量 / 003
2. 慎独，是为人的最高境界 / 007
3. 自律 = 收放自如的人生 / 011
4. 主宰自己，方可成功 / 014
5. 脚踏实地才能站稳脚跟 / 018

第2章 在反省中改变和超越自己

1. 认识自己，树立个性魅力 / 022
2. 自省，是一种不可遗失的品格 / 026
3. 做自己的批评者 / 031
4. 在反省中认识和发展自己 / 034
5. 勇于自省，敢于担当 / 036

6. 见贤思齐，见不贤则自省 / 039

7. 反省，让你克服人性的弱点 / 042

第3章　自制力有多强，竞争力就有多强

1. 自警，让你更有竞争力 / 046

2. 做好自己的分内事，才有竞争力 / 050

3. 成功就是永远比别人快一步 / 054

4. 进取心需要靠自律来维持 / 057

5. 像雄鹰一样不断长大 / 061

6. 唤醒危机感 / 066

第4章　管好自己，才有领导他人的资格

1. 要领导别人，先管好自己 / 069

2. 伟大的品格成就伟大的领导者 / 072

3. 以身作则，行胜于言 / 074

4. 律己才能服人 / 078

第5章　自爱的人，才能真正做到自律

1. 自爱 = 自我拯救 / 082

2. 自爱，就要对诱惑说"不" / 086

3. 自我约束 = 自我提升 / 091

4. 尽职尽责，是自律的保障 / 094

5. 请珍爱自己弥足珍贵的信誉 / 098

第6章　幸与不幸，都由内心力量决定

1. 每个人都有一笔宝贵的财富 / 103
2. 打开心灵之锁，拒绝自我设限 / 107
3. 用自律去开发你的潜能 / 112
4. 赢了自己，就赢了世界 / 117
5. 你认为你能，就一定能 / 119
6. 要成功，就要永不放弃 / 121

下篇
管好自己，做自己的主人

第7章　如何管好自己的目标

1. 有了目标，就有了前行的方向 / 127
2. 制订计划，预订成功 / 131
3. 细化目标，成功便唾手可得 / 135
4. 计划行事，才能出高效 / 141
5. 自制力，是实现人生目标的保障 / 145

第8章　如何管好自己的言行

1. 谨言慎行不等于畏首畏尾 / 149

2. 谦虚做人，谨慎做事 / 152

3. 该低调的时候绝不狂妄 / 156

4. 倾听比倾诉更倾心 / 159

5. 退一步方能海阔天高 / 162

6. 言不在多，达意则灵 / 165

第 9 章　如何管好自己的时间

1. 学会控制好时间 / 170

2. 合理利用时间，使其增值 / 174

3. 把时间用在刀刃上 / 179

4. "二八法则"记心中，关键的 20% 不落空 / 182

5. 高效为"首"，勤奋有"度" / 189

6. 选对时间做对事 / 192

7. 用"四象限原理"管理时间 / 195

第 10 章　如何管好自己的习惯

1. 自控能力养成行为习惯 / 201

2. 让节俭成为一种习惯 / 205

3. 理财也是一种自律 / 209

4. 不放过每一个细节 / 213

5. 每天多做一点儿，离成功就近一点儿 / 218

6. 职场中就要公私分明 / 221

7. 让敬业成为一种习惯 / 224

第 11 章　如何管好自己的情绪

1. 征服情绪，才能征服一切 / 227

2. 别错在感情用事上 / 230

3. 用自律来克制嗔念 / 233

4. 生气不如争气 / 237

5. 放平心态，做一个冷静的人 / 240

6. 忍耐，是一种修养 / 245

7. 耐心是一种美德 / 249

第 12 章　如何管好自己的心态

1. 心态决定人生的处境 / 252

2. 观念对了，世界就对了 / 256

3. 工作态度决定人生高度 / 259

4. 感恩，让一切变得美好 / 264

5. 停止抱怨，让心灵充满正能量 / 267

6. 脚踏实地，才能一步步接近成功 / 270

7. 释放心情，给心灵放个假 / 275

上篇

管理自己，优秀源于自控力

自律是一种不可或缺的人格力量，没有它，一切纪律都会变得形同虚设。真正的自律是一种信仰、一种自省、一种自警、一种素质、一种自爱、一种觉悟，它会让你发觉健康之美，感到幸福快乐、淡定从容、内心强大，永远充满积极向上的力量。

第 1 章
奋斗的一生，是雕刻自己的一生

人只有找到信仰，才可以坚定信念，朝着一个方向执着前进。自律就是一种信仰，自律的心态督促人将一生的精力投入到无尽的奋斗中，创造出属于自己的辉煌。

1. 自律，是一种不可或缺的力量

好习惯是靠自律养成的，它是一种不可或缺的人格力量。

在听到"自律"这个词的时候，你是否想到的是国家领导人或武装士兵？你是否觉得自律只适用于少数鞠躬尽瘁、性格坚不可摧的人？事实并非如此，自律其实是我们任何人都不可或缺的人格力量。大量的历史事实表明，自律的精神使人们在追求卓越的过程中扮演了重要的角色，造就了一个个光辉的形象。唯有自律，才能把自己引导向最光明的王国。

那么，什么是自律呢？所谓的自律就是能够约束自己、管理自己，自觉地"遵循法度，自我约束"，按照自己的既定计划去实现自己目标的一种能力，它是一种不可或缺的人格力量，自律程度的高低往往体现出个人素质的高低，同时也影响着个人取得成就的大小。

美国有关组织曾经作过这样一个调查，在一所幼儿园中，他们给每个孩子发了一些糖果，并告诉孩子们，这些糖是发给他们吃的，但是最好今天不要吃，如果能等到明天再吃就可以再奖两颗糖，要是等到后天再吃，就能奖3颗糖。

结果，有的孩子当天就吃了，有的孩子等到了第二天，极少数的孩子等到了第三天才吃。等到这些孩子们成长到中年后，调查的结果显示，那些自律程度越高的孩子，事业的成功率也就越高。

我国古时的孙敬头悬梁、苏秦锥刺股、车胤囊萤、孙康映雪、匡衡凿壁借光，他们自律发愤读书，成为自律成功的典范。近代文豪鲁迅先生也是一个自律性非常强的人，上小学时为了不迟到，每天刻一个"早"字敦促自己、警醒自己。

除了能获取成功之外，自律还能给我们带来身心健康。俗话说，白天不做亏心事，半夜不怕鬼敲门。"亏心事"指的是法度、道德禁止做的事，那些没有自律精神的人，往往因为管不住自己而做一些亏心事，他们日夜提心吊胆，怕受到惩处，这是由于不能够自律做了"亏心事"而"怕"，由"怕"而得到应有的惩处，心里踏实了便变成了"不怕"。日夜提心吊胆肯定会影响到我们的健康。

在我们的日常生活工作中，自律能够给我们带来快乐和健康。在家庭里要负起家庭的责任，不负责的人，其家庭一定不会和谐，心情一定不会舒畅；在公司不自律的人，领导厌烦他们，同事鄙视他们，他们本人也会极度忧郁，不快乐的人、不舒畅的人、忧郁的人是不会健康的。

诚然，自律能给我们带来众多好处，而要切实做到自律也绝非易事。绝大部分人主要依靠的还是他律，在生活和工作中，时刻都需要他人的监督与提醒，但这些都是外在因素，是外力在管束他们、约束他们。他们的内心，是否有自己的坚定信念？是否有给自己规定的标准和纪律呢？

你如果想使自律成为自己的资产，让自己变得越来越强大，以下的建议不妨值得借鉴：

首先，要树立正确的人生观。正确的人生观是实现自律最基本的前提条件，人生观是人们对人生目的和人生意义的根本看法和态度，它决定一个人做人的标准，是把握人生方向、抉择人生道路的指南。

其次，制定出你做事的优先顺序，然后按这个顺序去做。如果一个人只依照自己的心情和一时的方便而行事，肯定是不会成功的，更不要说别人尊重并跟随他了，这是自律的基本精神所在。

实现自律还要求我们能够做到自我控制，有才而不乱用，有智而不尽显。一个缺乏自律的人总是口无遮拦、行无规矩、随心所欲，最终只能自己吃亏，甚至自取灭亡。要把自律的生活方式当成目标，向具有高度自律的成功人士学习，你会发现自律不能只是偶尔为之，它必须成为你的生活方式。培养自律最佳的方式是为自己制定目标及规划，特别是在你视为重要的、需要长期坚持及追求成功的指标项目上。

其实很多时候，我们的言行并不为人所知，但你是否仍能管理自己、规范自己的言行、处处严格要求自己呢？这就体现了你的自律。

如果你不能自律，总是习惯让情绪操纵着一切，没有规划，也没有目标，那么所有的努力就如同脱缰野马，你根本控制不了自我，最终也达不到成功的彼岸。在古今中外的历史上，有才智但缺乏自律最终自取灭亡的例子不胜枚举，罗纳德三世就是其中之一。

14世纪的比利时，有一位名叫罗纳德三世的贵族，他才智过人，是祖传封地的正统公爵，但后来被弟弟推翻并关押在牢房里。他的弟弟认为留他活口对自己而言无疑是徒增麻烦，但又不想亲手杀死哥哥，于是便想出了一个绝妙的办法。

弟弟在将罗纳德三世关进牢房之后，下令将原来的牢门改装得比以前窄一些，还下令守门人把锁撤掉。为什么要这么做呢？门没上锁，难道他不怕哥哥逃走？原来，罗纳德三世身高体胖，当牢门变窄了之后，就算不上锁，他也出不了牢门，无法脱逃。

除此之外，弟弟还向哥哥承诺，只要他能够走出牢房，那么不但能够重获自由，还可以无条件地恢复原来的爵位。

这听起来很冒险吧？但是弟弟对于这个绝妙好计可是相当有把握的。

在改了牢门、拆了门锁之后，弟弟每天都会派人送上丰盛的美味佳肴给哥哥享用。罗纳德三世虽然明明知道只要自己能瘦下来，自由就在不远处。但是，知道是一回事，执行又是另一回事，罗纳德三世根本禁不住美味的诱惑，每天仍旧大吃大喝，结果非但没有瘦下来，体重反而变本加厉地直线上升。最后，他被困死在牢门没有锁的牢房里。

由此可见，故事中的罗纳德三世是被自己害死的，死因是缺乏自律。

因此，缺乏自律能力，任由坏习惯操控自己，就可能将自己变成牢房中的囚徒。

最后，向你的借口挑战。如果想培养自律的生活方式，首要的功课之一就是破除找借口的倾向。正如法国古典文学作家佛朗哥所说："我们所犯的过错几乎都比用来掩饰的方法更值得原谅。"如果你有几个令你无法自律的理由，那么，你要认清它们只不过是一堆借口罢了。

毋庸置疑，人类历史上，接二连三的耀眼成果就是自律、行动力与决心的最佳表现。例如，在中国历史上，无数仁人志士追求科学、追求真理、追求光明、追求当代的繁荣富强，而伴随着这些追求的实现，他们都造就出了不同凡响的成果，为全人类留下了宝贵的文化遗产，在造福人类的同时也为自己创造了精彩，他们的名字也将被永远刻在历史的丰碑上。

2. 慎独，是为人的最高境界

慎独，是一种做人的修养，更是一种人生境界；慎独者，能够心灵表里如一。要律己，就要先做到慎独。

在心理学上，有一个词语叫作"慎独"，意思是说：独处的时候，没有他人的干涉和监督，凭着高度自觉，不做任何有违道德信念、做人原则的事。然而靠什么做到"慎独"呢？其实就是自律。

慎独是一种内在的道德力量，是一种高度自觉性。所以，几千年来，中国人一直将慎独视为一种高尚美德，将正心修身作为人生第一要义。

慎独作为一种道德修养，最早见于《礼记》，其中说："莫显乎微，故君子慎其独也。"君子不会担心在别人看不到的地方放纵自己。做一个坦荡的君子，不需要别人来约束自己。君子会扪心自问：我像个君子吗？这就是慎独。

确实，一些人在独立工作、无人监督时，有做各种坏事的可能。而做不做坏事、能否做到"慎独"以及坚持"慎独"所能达到的程度，是衡量人们是否坚持自我修身以及在修身中取得成绩大小的重要标尺。

古人推崇"君子慎独"，就是说即使在独处时也要自律，不要做违背原则的事，即便没人知道，也有天知、地知、我知（自己的心知道）。

东汉时期杨震慎独的故事，就是一个严于律己的好例子。

杨震在担任荆州刺史时，发现秀才王密是个人才，便举荐王密为昌邑县令。后来杨震改任东莱太守，路过昌邑时，王密对他照应得无微不至。到了晚上，王密悄悄来到杨震住处，见室内无人，便捧出黄金10斤送给杨震，杨震连忙摆手拒绝说："以前因为我了解你，所以举荐你，你这样做就是你太不了解我了！"王密轻声说："现在是夜里，没人知道。"杨震正色道："天知、地知、你知、我知，怎么说没人知道！"王密听了，羞愧地退了出来。杨震为官公正廉洁，不接受私礼，其子孙也是蔬食步行、生活朴素。有些老朋友劝他置点儿产业留给子孙，他说："使后世成为'清白吏子孙'，用这样的好名声做产业，不是十分丰厚吗？"

由此可见，一个慎独的人，往往也是一个高尚的人。

不过，人非圣贤，孰能无过，即便是再慎独的人也难免会有犯错的时候，所不同的是，慎独的人在犯了错误之后敢于纠正自己的错误，敢于承担自己的错误所带来的后果，哪怕为此付出沉痛的代价。

有一位名医在当地享有盛誉，有一天，一位青年妇女前来找他看病。名医检查后发现妇女的子宫里有一个瘤，需要动手术割除。

手术很快就安排好了，手术室里都是最先进的医疗器材，对这位做过上千次手术的名医来说，这只不过是一个小手术。

他切开病人的腹部，向子宫深处观察，就在他准备下刀时，突然全身一震，他的刀子停在了空中，豆大的汗珠冒上额头，他看到了一件令他难以置信的事：子宫里长的不是肿瘤，是个胎儿！他的手颤抖了，内心陷入了矛盾的挣扎中。如果硬把胎儿拿掉，然后告诉病人摘除的是肿瘤，病人一定会感激得恩同再造；相反，如果他承认自己看走眼了，那么他将会声名扫地。

几秒钟的犹豫后，医生下定了决心，他小心地缝合好刀口，回到办公室静待病人苏醒。之后，他走到病人床前，对病人和病人的家属说道："对不起，我看错了，你只是怀孕了，没有长瘤。所幸及时发现，孩子安好，你一定能生下一个可爱的小宝宝！"

听完他的话，病人和家属全呆住了。过了几秒钟，病人的丈夫突然冲过去，抓住名医的领子吼道："你这个庸医，我要找你算账！"

孩子果然安好，而且发育正常，但医生却被告得差点儿破产。

有朋友笑他，为什么不将错就错？就算你说那是个畸形的死胎，又有谁能知道？

"老天知道。"名医只是淡淡一笑。

可见，慎独的人都有一双无法摆脱的天神之眼，天是心中那片天，心中有原则，做事就不会为得失所迷，心情就不会为得失所累。

然而，在现实社会中，我们更多地见到这样的情形：在众人面前讲究卫生，独自一人时随地吐痰；有警察时遵守交通规则，一旦路口无人值守就闯红灯；在自己熟悉的团体内谦恭有礼，一旦置身于陌生的环境就不再遵守公德。

很多人都形成了这样的心理：规矩是给别人定的，而我可以想办法突破它。实际上，在契约社会中，只有人人都以自觉约束的方式享受自由，才能获得持续的权利。这是现代社会秩序中的重要特点，也是诚信的基础。

随着年龄的增长，我们会承担起越来越多的家庭责任和社会责任，如何才能更好地履行自己的责任？唯有做到慎独。慎独是为人的最高境界，它既体现了人们道德自律的精神，又是提升道德修养的方法。

那么，在生活中，如何才能做到慎独呢？

首先就是要对自己严格要求。中国古代思想家王阳明在谈到人们的修养时曾说："克己必须要扫除廓清，一毫不存方是，有一毫在，则众恶相引而来。"意思就是要人们在为人时应注意细节,绝不给自己留一丝一毫的死角,否则,众恶相引而来,后果不堪设想。

其次是克制私欲和贪念。在众目睽睽之下,一般人还是能够约束自己的;而一旦脱去了漂亮的"套子",一人独处时,便往往肆无忌惮地放纵本性和私欲。比如,在没人知道的情况下拿别人的东西,事实上就给别人造成了损害,而一次得逞有可能使人产生侥幸心理,结果便有可能在某一天约束不了自己,以致被绳之以法。也许有人只这样拿过一次,永不再拿,那么说明他还有良知;可是对一个有良知的人而言,他从此有可能永远也逃不开自己的良心责备,后悔自责一生。所以说,慎独其实也是自律的最高境界。

最后,慎是慎独的核心。孔子说:"三思而后行。"其实就是在说"慎",告诫人们说话、办事时一定要思虑周详、小心谨慎,事无巨细都要考虑周到,无论是有人、无人,无论是为公、为私,无论是大、是小,都要谨慎。恭德而慎行,这样就不会败事、不会后悔。

3. 自律 = 收放自如的人生

当自律成为一种习惯,你就真正做到了收放自如,人生也就达到了一种境界。

如果有人对你说"自律就是自由",你可能会觉得好笑。确实,对许多人来说,自律是一个讨厌而陈腐的词,因为它意味着古板迂腐，貌似是对自由精神的扼杀。实际上，反过来才是正确的。如同《高效能人士的七个习惯》的作者史蒂芬·柯维博士所写的那样："不自律的人就是情绪、欲望和感情的奴隶。"从长远来讲，不自律的人是缺乏自由的，或者说他一时享有的自由和快乐是以牺牲更高的自由为代价的，只能说明他还只是一个奴隶，而非自我命运的主宰者。要知道，人是必须接受一定的束缚才能获得自由的。

当然，没有绝对的自由，但是能让人释放自己心情的、感到自由自在的就是有自己的信仰，并坚守自己的原则，用自律来约束自己。

曹操是三国时期的枭雄，他虽然野心很大，却在自己统领的军队中留下了严于律己的美名。

一次，麦熟时节，曹操率领大军去打仗。为了不骚扰百姓、践踏庄稼，曹操下令："士兵如有践踏麦田的，立即斩首示众。"于是，士兵们在经过麦田时都下马用手扶着麦秆，小心地走过麦田，没有一人敢践踏麦子。老百姓看见了没有不称颂的。

可是，正当曹操骑马走过时，忽然，田野里飞起一只鸟儿，惊吓了他的马。马一下子蹿入田地，踏坏了一片麦田，曹操立即叫来随行的官员，要求治自己践踏麦田的罪行，官员说："怎么能给丞相治罪呢？"曹操说："我亲口说的话自己都不遵守，还会有谁心甘情愿地遵守呢？一个不守信用的人，怎么能统领成千上万的士兵呢？"随即抽出腰间的佩剑要自刎，众人连忙拦住。

这时，大臣郭嘉走上前说："古书《春秋》上说，法不加于尊。丞相统领大军，重任在身，怎么能自杀呢？"曹操沉思了好久，说：

"既然古书《春秋》上有'法不加于尊'的说法,我又肩负着天子交给我的重要任务,那就暂且免去一死吧。但是,我不能说话不算话,我犯了错误也应该受罚。"于是,他就用剑割断自己的头发说:"那么,我就割掉头发代替我的头吧。"曹操又派人传令三军:丞相践踏麦田,本该斩首示众,因为肩负重任,所以割掉头发替罪。

古代人认为,头发是从父母那里继承来的,随便割掉不仅大逆不道,而且是不孝的表现。曹操作为封建社会的政治家,能够割发代首、严于律己,实属难能可贵。

"自律",就是自己管好自己。人世间,最顽固的"人"是自己,最难战胜的也是自己。自律对于一个人来说就好像是一辆汽车的制动系统一样。如果一辆汽车光有发动机而没有方向盘和刹车的调节,汽车就会失去控制,不能避开路上的各种障碍,就有撞车的危险。一个想要有所成就的人如果缺乏自律能力,就等于失去了方向盘和刹车,必然会"越轨"或"出格",甚至"撞车""翻车"。

在我们的生活和成长的过程中必然要接触各种各样的人、处理各种各样复杂的事,其中有顺心的,也有不顺心的;有顺利的,也有不顺利的;有成功的,也有失败的。如果缺乏自律、放任不羁,势必会搞坏关系、影响团结、挫伤积极性,甚至因小失大,铸成大错,最终后悔莫及。因此,我们必须要有较强的自律能力,管理好自己,这样才能让生活中的所有事情都在自己的掌控之中。

富兰克林说:"我们判断一个人,更多的是根据他的品格而不是根据他的知识,更多的是根据他的心地而不是根据他的智力,更多的是根据他的自制力、耐心和纪律性,而不是根据他的天才。"

在日常生活中，我们一定要时时提醒自己要自律，有意识地培养自律精神。比如，针对你自身性格上的某一缺点或不良习惯限定一个时间期限，集中纠正，效果会比较好。

千万不要纵容自己，给自己找借口。对自己严格一点儿，时间长了，自律便成为一种习惯、一种生活方式，你的人格和智慧也会因此变得更完美。

4. 主宰自己，方可成功

一个人只有能够控制自己、主宰自己，才能够战胜自我、远离不幸、走向成功。

他人在看电视的时候，你能否在看书？他人在娱乐的时候，你能否去运动？他人在睡觉的时候，你能不能早点儿起来？他人"老婆孩子暖炕头"的时候，你是不是能忍耐与家人暂时分开？想要成功，这一切是你必须要付出的代价。很多人之所以无法克制这种懒散的习性，最重要的缘由就是缺乏自律。

想一想，你生活中有多少次失败都是因为缺乏自律的精神造成的。

譬如，节食两天后，你放弃了，吃了一大块巧克力蛋糕；你下定决心这个月一定要将计划书做出来，然而直到月末你还只字未写；

你赌咒不到午饭时间绝不看邮箱，但才到10点，你就自己打破了誓言。

你对上面的情景是不是觉得很熟悉？或许你就曾经暗自决定要变得更自律？也许你确信自己只需坚持再努力一下就行了，但是你没有；或许你曾担忧自己永远都不能冷静下来，集中注意力很让人懊恼，因为你知道如果缺乏自律的话，你的目标将无法实现，你的人生很难取得什么成就。

所以，自律就是在诱惑面前，是你的理智决定你的行为而非你的感情，它常常意味着牺牲一时的乐趣和克服一时的冲动。

贝利从小就显现出非凡的足球天赋，他常常踢着父亲为他特制的"足球"——用一个大号袜子塞满破布和旧报纸，然后尽量捏成球形，外面再用绳子捆紧。贝利经常光着黑瘦的脊梁，在家门前那条坑坑洼洼的小街赤着脚练球。尽管他经常摔得皮开肉绽，但他始终不停地向着想象中的球门冲刺。

渐渐地，贝利有了些名气，许多认识与不认识的人常常跟他打招呼，还向他递烟。像所有未成年人一样，贝利喜欢吸烟时的那种"长大了"的感觉。

有一次，当贝利在街上向别人要烟的时候，父亲刚好从他身边经过，父亲的脸色很难看，贝利低下头，不敢看父亲的眼睛。因为，他看到父亲的眼睛里有一种忧伤、有一种绝望，还有一种恨铁不成钢的怒火。

父亲说："我看见你抽烟了。"

贝利不敢回答父亲，一言不发。

父亲又说:"是我看错了吗?"

贝利盯着父亲的脚尖,小声说:"不,您没有。"

父亲又问:"你抽烟多久了?"

贝利小声为自己辩解:"我只吸过几次,几天前才……"

父亲打断了他的话,说:"告诉我味道好吗?我没抽过烟,不知道烟是什么味道。"

贝利说:"我也不知道,其实并不太好。"说话的时候,他突然绷紧了浑身的肌肉,手不由自主地往脸上捂去,因为他看到站在自己跟前的父亲猛地抬起了手。但是,那并不是贝利预料中的耳光,父亲把他搂在了怀中。

父亲说:"你踢球有点儿天分,也许会成为一名优秀的运动员,但如果你抽烟、喝酒,那就到此为止了,因为你将不能在90分钟内保持一个较高的水准,这事由你自己决定吧。"

父亲说着,打开他瘪瘪的钱包,里面只有几张皱巴巴的纸币,父亲说:"你如果真想抽烟,还是自己买的好,总跟人家要太丢人了,你买烟需要多少钱?"

贝利感到又羞又愧,眼睛里涩涩的,可他抬起头来,看到父亲的脸上已是泪水纵横。

后来,贝利再也没有抽过烟,他凭着自己的自律精神勤学苦练,终于成为一代球王。

德国诗人歌德说:"谁若游戏人生,他就一事无成,不能主宰自己,永远是一个奴隶。"一个人要主宰自己,就必须对自己有所约束、有所克制,因为"毫无节制的活动,无论属于什么性质,最后必将一败涂地"。不论做什么事情，自律都至关重要。自我节制、自我约束是一种控制能力，尤其能控制人们的性格和欲望，一旦失控，随心所欲，结局必将一败涂地，不可收拾。

那么，怎样才能培养过人的自制力呢？

国外许多心理学家致力于自制力的研究，他们提出了多种培养自制力的方法。其中，"7个控制"的方法值得借鉴。

1. 控制接触的对象。选择自己喜爱的伙伴，结识对自己有帮助的朋友，对那些不利于成功的交往对象要控制自己与他们少接触。

2. 控制沟通的方式。沟通的重要方式是聆听、交谈、观察，当你与他人交谈的时候，要控制自己的语言，使对方从你的话语中感觉到尊重并有收获。

3. 控制思想。对于大脑进行思考的问题要有所控制，可以进行创造性的想象，而对于忧虑、苦恼则尽量少想。

4. 控制时间。无论是工作、娱乐还是休息，都应该有个时间安排，不能想玩时就玩上一天而忘了学习，想学习时就学上一天而忘了休息。

5. 控制忧虑。无论周围发生了什么事情，都要保持乐观的精神。

6. 控制承诺。不能随便承诺，一旦承诺了的事情就要努力做到。

7. 控制目标。科学的目标能帮助你保持愉快的情绪。

总之，如果一个人有比较强的自制能力，那么这个人一定能够战胜自我、远离祸害，时刻感到快乐。如果不幸遇到祸害，他一定能够泰然处之、化祸为福。

5. 脚踏实地才能站稳脚跟

只有脚踏实地去干，才有能力捍卫自己的地位。

你可能有过这样的经验：站在沙堆里的时候，无论怎么使劲跳，总是不如在结实的路面上跳得高、跳得远。其实，工作也是如此，如果我们总是好高骛远，不能踏踏实实地做好平凡的工作，也就等于没有坚实的基础，那又怎么能向上跳，取得进步呢？

无论你现在在什么样的公司工作，科技、出版、电子、贸易、娱乐……也不管你正担任的是什么职位，后勤、业务、办事员或主管，正所谓"职业不分贵贱"，认真看待自己的责任，脚踏实地、全力以赴、自我成长将是你所获得的最好的回馈。

通过经验的累积，不仅外在的工作能力越来越强，内在的心智也会跟着有所成长，如此"里应外合"之下，你奠定了坚实的基础，也做好了追求下一个阶段成功的准备。而这一切都需要你的自律精神作为基础。

但是，现实中有这样一种人，他们天天幻想自己能获得伟大的成功，却从来没有从卑微处努力的自律精神。有一个词专门形容这类人——好高骛远。

好高骛远的人在人生的道路上很容易犯下一个大错误，他们总以为人生有"直达车",自己可以不经历过程的困难而直达终点,不经历低谷而直达高峰,舍弃细小而直达博大,跳过近前而直达远方。目标远大固然很好,但光有远大的目标是不够的,还得要为此付出努力才行。如果只是空怀大志却不愿脚踏实地地执行,那他们的远大理想就永远只能是空中楼阁,永远只是计划中的计划。

不能脚踏实地地努力的人,最大的失误就是不切实际,明明身处于现实之中,却总是看不清楚(或者不想看清楚),导致的结果是他们容易误判情势,不懂得掂量一下自己有多大的本事、有多少能耐、看看自己有什么缺陷,反而习惯性地"以己之长比人之短",然后便陷入"这也看不惯,那也看不惯"的窘境,要不就是以不屑的态度看待一切,以为周围的人和事物都故意和自己做对。

因此,这些人因为不能正视自己,没有自知之明,脱离了现实便只能生活在虚幻之中,脱离了自身,只能见到一个无限夸大的自己,自律精神更是无从谈起。不能脚踏实地,就只能在半空中飘着,所有的远大目标也只不过是海市蜃楼而已。

事业就像是一辆车,而工作态度就是车轮,如果我们不让车轮着地,那么这辆车永远不可能往前开。所以,我们要知道,只有脚踏实地才能进步,真正的伟大都是从平凡中衍生出来的。

在斯特拉特福子爵为克里米亚战争举办的晚宴上,他们做了一个游戏,军官们被要求在各自的纸片上秘密地写下一个人的名字,这个人要与那场战争有关,并且要他们认为此人是这场战争中最有可能流芳百世的人。结果每一张纸上都写着同一个名字:"南丁格尔。"带来光明的天使——南丁格尔,她是那场战争中赢得最高声誉的妇女。

1860年6月24日，她将英国各界人士为表彰她的功勋而捐赠的巨款作为"南丁格尔基金"，用于表彰那些做出突出贡献的护士。"南丁格尔奖"被视为护士行业的最高荣誉。

革命导师马克思也对南丁格尔的勇敢和献身精神十分敬佩和感动，曾多次赞扬这位伟大的女性。如今，全世界都将5月12日作为护士节以纪念她，将她称作是现代护理工作的创始人。下面是一段关于南丁格尔的故事。

她带着护士小分队来到了这里，在几个小时内，成百上千的伤员从巴拉克战役中被运了回来，而南丁格尔的任务就是要在这个痛苦嘈杂的环境中把事情弄得井井有条。不一会儿，又有更多的伤员从印克曼战场中被运了回来，什么事情也没有准备好，一切都需要从头安排。而当各种事务都在有序地进行时，她自己又会去处理其他更危险、更严重的事情。在她负责的第一个星期，有时她要连续站立20多个小时来分派任务。

"南丁格尔的感觉系统非常敏锐。"一位和她一起工作过的外科医生说，"我曾经和她一起做过很多非常重大的手术，她可以在做事的过程中把事情做到非常准确的程度。特别是救护一个垂死的重伤员，我们常常可以看见她穿着制服出现在那个伤员面前，俯下身子凝视着他，用尽她全部的力量，使用各种方法来减轻他的疼痛。"

一个士兵说："她和一个又一个的伤员说话，向更多的伤员点头微笑，我们每个人都可以看着她落在地面上那亲切的影子，然后满意地将自己的脑袋放回到枕头上安睡。"另外一个士兵说："在她到来之前，那里总是乱糟糟的，但在她来过之后，那儿圣洁得如同一座教堂。"

南丁格尔并没有因为自己的工作卑微而轻视它，相反，她对之投入无限的热忱，她高尚的人格以及对工作无私的付出和近乎虔诚的实干精神使她获得了所有人的尊敬和信赖。南丁格尔的事迹告诉我们，具有自律精神、愿意实干的人应该受到所有人的尊敬。人们永远尊重那些肯脚踏实地付出的人，就像永远尊重对自己的人格负责的人一样。

脚踏实地的自律精神是一种伟大人格的体现，一个人最有魅力的时刻莫过于他承担自己本职工作的那一瞬间。意大利哲学家马志尼说过这样的话："我们必须找到一条比任何理论都优越的教育原则，用它指导人们向美好的方向发展，教育他们树立坚贞不渝的自我牺牲精神，这个原则就是对于责任的实干精神，这种责任是他们终生的责任。"

实干精神是一个人品格和能力的承载，是一个人走向成功必不可少的一项素养。所有成功的人都有一个共同的品质——责任感。聪明、才智、学识、机缘等固然是促成一个人成功的必要因素，但假如缺乏了脚踏实地的自律，他仍是不会成功的。

第 2 章
在反省中改变和超越自己

自律的人都善于反省自己。也正因为善于反省,知道自己有诸多不足,所以人们将更加自律。每个人身上都有大量的潜能,也有诸多的缺点,只有时刻反省自我、看清自己的优势和劣势,我们才能发挥自己的优势、纠正自己的不足,时时改变自己、提高自己、超越自己。

1. 认识自己,树立个性魅力

每个人都是独一无二的,只有在认清自身特点的基础上,才能发现自己的优势与特长,进而才能打造属于自己的独特魅力,从而为自己的价值加码。

苏格拉底在两千多年前就教导我们说"认识你自己"。后来,古希腊人将这句箴言刻在了帕尔索山的一块石碑上。卢梭称这一碑铭:"比伦理学家们的一切巨著都更为重要、更为深奥。"可见,人最难认识的就是自己了,要不然,孔子可能也不会说:"人苦于不自知。"

的确如此，人的很多迷惑和苦难都是不自知的结果。世俗和盲目在很大程度上都是因为人无力认识、掌握和控制自己。也正因为此，苏格拉底才警醒我们要"认识你自己"。

的确如此，我们将自己欺骗得有多惨，就将被这个世界骗得有多惨；我们将自己了解得有多深，就能够将这个世界把握得有多真。所谓的"人贵有自知之明"就是这个道理。

所以，作为人，我们只有充分了解自己、认识自己，才能树立自己的个性，才能知道自己有多强大。为了更好地说明认识自己的重要性，我们来看一个事例。

一天早晨，一只山羊在栅栏外徘徊，它很想吃栅栏内的白菜，可是进不去。这时，它看见了自己的影子，因为太阳是斜照的，所以影子变得很长。它便对自己说："我如此高大，一定能吃到树上的果子，不吃这白菜又有什么关系呢？"

于是，它奔向很远处的一片果园。可还没到达果园，就已是正午了，此时太阳正照在头上，山羊的影子变成了很小的一团。

"唉，我这样矮小，是吃不到树上的果子的，还是回去吃白菜吧。"它对自己说。

因此，它又决定往回奔跑。当它跑到栅栏外时，太阳已经偏西了，它的影子又重新变得很长。

"我干吗回来呢？"山羊很惊讶，"凭我这么高大的个子，吃树上的果子是一点也不费劲儿的呀！"

山羊又返了回去，就这样来来回回，直到黑夜来临，山羊仍然饿着肚子。

事例中的山羊正是因为不了解自己，所以最终它只能饿肚子。

然而，如何才能真正了解自己、认识自己呢？

首先就是要学会自省，也就是说要善于自我观察，最好的方法就是站在一旁，像陌生人一样来评估自己。只有善于自我观察才能更加了解自己、认识自己，而只有更好地了解自己，最终才能通过自我反省一步步控制自己、征服自己、战胜自己，从而驾驭自己的人生、树立自己的个性。接着，要尽可能客观地进行自我检查、评估自己的能力并认清自己的缺点。

其次，就是保持积极的自我对话。据说，当有人问古希腊大问家安提司泰尼："你从哲学中获得什么呢？"他回答说："同自己谈话的能力。"

同自己对话，其实就是发现自己、认识自己、改变自己、超越自己的一个过程。

最后，要多多请教他人，多和别人沟通。世界在每个人眼中呈现出千姿百态的区别，只因每个人的视角不同。我们的背景与经历总是会受到各种限制，即使尽力地敞开自己，也难免会有看不到的死角。这就好比一个方向的探照灯无论怎么来回扫射，总会留下光线的死角。好在我们还可以向他人请教，既可以请求别人谈谈对自己的看法，也可以向别人咨询某些事情的处理方式，不同的视角带来不同的洞见，多多请教别人，总会发现一些尚未被我们碰触过的智慧死角。当我们对自己有一个全面的认识之后，了解了自己的个性的时候，我们就能树立自己的个性。

所谓的个性，是基于对自己的全面理解，将自己最大化地发掘出来，激活优势，弱化劣势。就像哲学家总是通过自身反省来了解世界一样，一个人只有了解了自己，才有能力了解这个世界，也才能够对任何事物抱有自己独特的观点，做出顺势而为、最为合适的反馈，赢得最大的效果。

有的人对于生命很自觉，能够主动地了解自己、反省自己，发现性格和能力上的优势与劣势，然后寻找能够发挥自己优势的机会，并将劣势化为努力的动力。

另外有一些人，对他们来说，在这个世界上最不了解的人就是自己，当他们看到自己的优点，就自以为"老子"天下第一，沾沾自喜，往往在向前冲的时候撞到墙壁。而当发现自己的缺点，就一叶障目不见泰山，认为自己处处不如人，即使有幸遇到机会也不敢把握。甚至有些人终其一生从未分析过自己所拥有的筹码，随波逐流地生活，任凭命运的河流将自己随意带领。

于是，了解自己的人，发挥了自己的优势，避免了自己的劣势；不了解自己的人，忽略了自己的优势，加重了自己的劣势。前者向外界展现的是自己的优势，后者向他人呈现的是自己的劣势，以优击劣，结果不言而喻。

每个人都不是十全十美的，一个人不但要了解自己的优点，更要认识到自己的缺点，要尽可能多地了解自己。如果不能清楚认知自己的优缺点，从而寻找出最适合自己未来的发展方向，是很难成功的。

当然，每个人都应该有自己的个性，珍视自己，并且真正地尊重自己。当一个人对自己有了足够的认识并诚恳地珍重自己时，便能产生个性，然后才能通过个性发挥专长贡献社会。

否定个性的人不会有进步，自己扼杀自己个性的人也不会有进步。如果你要成功，你应该不断认识自己、反省自己，发挥自己的个性，应该朝着新的道路前进，而不是跟随被踩烂的成功之路。从这个角度来说，树立自己的个性是每个人的义务和责任。

2. 自省，是一种不可遗失的品格

自省，不仅能够让人认清自己，还能够让自己理解他人。只有通过自省，才能从道德意义上约束自己，从而改正自己。

人类的眼睛演化的结果是只能朝外看，看得见别人身上的瑕疵，却看不到自己身上的斑点。为了看见自己，人类发明了镜子，但镜子只能照出人的外貌，却看不见人的内心。要想看见更真实的自己，我们就要利用一面能照出内在自我的魔镜——自省。

自省，顾名思义，即自我省悟、自我检查、自我解剖，是指对一个人自身思想、情绪、动机与行为的检查。通过经常地、冷静地回顾自己的思想和行为，寻找自己的缺点和错误，这是只有人类才能办到的事。

自省是一面镜子，可以照出自身的缺陷和毛病，自省的过程又是不断改正错误、更新提高自我的过程，正所谓"一日三省吾身"。

其实我们每个人都需要一面"镜子"，以便更好地了解自己，有时，这面"镜子"是自己身边的人，在他们的帮助下，我们可以发现自己的优点和缺点，从而使我们查漏补缺，获得成长。但我们不能总是依赖别人帮助自己找缺点，因此，我们需要学会把自己以往的经验通过阅读、观察生活中其他人的行为作为"镜子"，经常对照自己，发现自身的不足，并使自己严格按照正确的道德规范去处世为人，这就是我们常说的"自律自省"。而在自律自省后规范自己的一言一行，使自己不致重新再犯同样的错误，就需要我们慎言慎行。

春秋时期，宋国一度内政不修，引起动乱，当时的国君宋昭公落得众叛亲离，被迫出逃。

在路上，宋昭公进行了深刻的反思，他对车夫说："我知道这次被迫逃出的原因了。"车夫问："是什么呢？"昭公说："以前，无论我穿什么衣裳，侍从都说我漂亮；无论我有什么过失，大臣都说我英明。这样，从内外两方面我都发现不了自己的过失，最终落得如此下场。"

从此，宋昭公改弦易辙，注重品德修养，不到两年，美名传回宋国，宋人又将他迎回国内，让他重登君位。他死后，谥为"昭"，就含有称赞他知过必改的意义。

这就是自省的作用，它能让人不断地进步。

自省是每个人成长的一个重要途径，否则我们就只能总是原地踏步，永远不能进步。自省这面明镜可以帮助我们明是非、知善恶、辨美丑。

自省之后，我们就需要通过自律来帮助自己扭转过去的错误。自律就是一个监督自己的道德法庭，当我们心中有了这个"法庭"

之后，就能够约束自己的恶念和不好的习惯，让自己更优秀。

自省这个道德法庭的特殊之处就在于只有一个人，自己充当了所有角色，既是起诉者又是被告人，既是审判官又是行刑者。当你发现自己的错误思想和言行并将之陈述于"公堂"之上，此刻的你就是一名起诉者，而被告的就是你的错误思想和言行。然而摇身一变，你又成了审判官，对照"立法"开始审判自己的思想言行。作为审判官，你应该公正无私，不受外界困境和邪恶的影响，不被快乐、幸福、欲望等情感影响，而是根据自己的"立法"，根据为实现自己的道德理想而行动的道德原则对自己的错误思想和言行宣战。当被告人受到自己内心的审判官的无情谴责从而自我调控，自觉选择道德行为、纠正不良道德动机的时候，你就把握了自己、战胜了自己、超越了自己，实现了道德境界的不断升华。

诸葛亮六出祁山，病死在五丈原。蜀国的老百姓和士卒们得知丞相已死的消息后"皆跌撞而哭，至有哭死者"。后主刘禅闻讯，大叫："天丧我也！"哭倒于龙床之上，皇太后听说亦大哭不已，"多官无不哀恸，百姓人人涕泣"。杨仪等运送诸葛亮的灵柩到成都，"后主引文武官僚尽皆挂孝，出城20里迎接，后主放声大哭，上至公卿大夫，下及山林百姓，男女老幼无不痛哭，哀声震地"。

诸葛亮能如此受人爱戴，很大原因就是他善于自省自律，虽然身居高位，但是能够严格要求自己。

早在街亭之战失败后，诸葛亮总结此战失利的教训，痛心地说："用马谡错矣。"为了严肃军纪，诸葛亮下令将马谡革职入狱，斩首示众。

虽然失街亭的错在马谡，但是诸葛亮拭干眼泪，又宣布一道命令：对力主良谋、临危不惧、英勇善战、化险为夷的副将王平加以褒奖，破格擢升为讨寇将军。善于自省的诸葛亮斩马谡、提升王平之后，多次以用人不当为由，请求自贬三等，一品丞相为三品右将军，仍尽心竭力辅佐后主刘禅，欲图中原，成就大业。

诸葛亮能够给自己挑毛病，这证明他是一个懂得自省且非常自律的人。由此可见，自律自省是一个人提高个人修养、塑造高尚人格的重要手段。从古到今，注重道德修养、塑造高尚的道德人格和优雅的气质一直是中华民族修身之道的精髓，做人之道在于明白、追求最高之德，光明正大、公正无私、廉洁奉公，而这些都是以自律自省作为起点和基础的。不会自省就谈不上修身；不会自律，也无从高尚与优雅。唯有自省和自律才会慎言慎行，它是我们每一个走向生活的人的行囊里必不可少的宝物，是承载我们驶向幸福目标的航船。

一个经常自省的人，常常会检视自己的内心，问自己："我今天有什么收获？""我今天的行为都是应该的吗？""我要怎么样才能做得更好？"……经常这样问，就好像把自己当作一件艺术品那样去雕琢、去精心呵护，这样就能让自己像艺术品一样在别人眼里价值连城，为人们称颂。

然而，让我们成为艺术品的就是自律自省中形成的良好的修养、高尚的品德和崇高的人格。因此，我们要学会自我批评、自我反省，督促自己改正错误，并长此以往坚持不懈，这样我们就能让自己的人生在不断"雕刻"中价值连城，为人们所尊重和景仰。

此外，自律自省还是引领我们走向成功的阶梯。每个人的成功都不是一蹴而就的，都需要不懈努力，在不断的失败中找出通向成功的道路，而自律自省就是帮助我们打开成功之门的钥匙。我们只要每天反思，寻找到自己每天所做的对与错的言行，逐渐就能理清思路，走向成功。

因此，一个希望获取成功的人从来不吝啬自律自省。我们要想在学习上有所收获，也必须学会自律自省，正如古人所说："先学而后知不足。"这里的"学"可以扩展为通过学习、反思来提高认识。我们平常所说的"吃一堑，长一智"也是指通过对自身失误的分析、反思来提高自己的认识水平和处世能力，使之达到新的高度，不断接近成功。

在生活中，自律自省还能让我们理解他人过失，发现他人优点，从而学会宽容；自律自省能让我们发现自己的不足，思考自己的得与失、善于恶、对与错，开展积极的思想斗争，自觉纠正言行偏差，并不断对自己提出更高的道德要求，完成从自发到自觉、从外表到内心、从被动到主动的行为转变，使自己的道德修养提高到一个新的境界，从而使自己成为一个道德高尚的人。

3. 做自己的批评者

对自己冷眼旁观,做自己的批评者,才能时刻保持清醒,避免落入一种无法自拔的可悲境地。

古诗云:"不识庐山真面目,只缘身在此山中。"这是告诉我们"当局者迷,旁观者清",从而说明认识自己的局限性。所以,认识自己首先要跳出"庐山",以旁观者的眼光分析、审视自己。功过是非,要不夸大、不缩小,应实事求是地看待自己,只有这样才能克服不足,才能不断地推动自己进步。

一般来说,自省心强的人都非常了解自己的优劣,因为他们时时都在仔细检视自己。这种检视也叫作"自我观照",其实质也就是跳出自己的身体之外,从外面重新观看、审查自己的所作所为是否为最佳的选择。这样做就可以真切地了解自己,但审视自己时必须是坦率、无私的。

中外历史上许多杰出的人物都曾进行深入、细致、全面的自我分析,富兰克林就是其中的代表。

富兰克林是美国著名的科学家、物理学家和社会活动家,他一生在很多领域都做出了杰出的成就,不仅发明过双焦距透镜,还参与起草了美国《独立宣言》。他的成功除了靠他的天才勤奋之外,从

《富兰克林自传》中，我们还了解到另一个秘诀，"一日三省吾身"的自我激励。他依靠每天反省自己是否做到了13种道德标准，从而暗示自己、提醒自己、告诫自己、激励自己，不断地向成功人生努力。这对于我们现代人的成长可以说有着很积极的启示。

富兰克林所列举的13种品德以及他给每种品德所注的箴言（自我暗示）如下：

（1）节制——食不过饱，饮酒不醉。

（2）寡言——言必于人于己有益，避免无益的聊天。

（3）生活有序——置物有定位，做事有定时。

（4）决心——当做必做，决心要做的事应坚持不懈。

（5）俭朴——用钱必须于人或于己有益，换言之，即切戒浪费。

（6）勤勉——不浪费时间，每时每刻做些有用的事，舍弃一切不必要的行动。

（7）诚恳——不欺骗别人，思想要纯洁公正，说话也要如此。

（8）公正——不做损人利己的事，不要忘记履行对人有益而又是自己应尽的义务。

（9）适度，避免极端——人若给你应得的处罚，你应当容忍。

（10）清洁——身体、衣服和住所力求清洁。

（11）镇静——勿因小事或普通的、不可避免的事故而惊慌失措。

（12）贞节——克制自己的欲望，珍惜自己的身体，不过度放纵自己。

（13）谦虚——仿效耶稣和苏格拉底。

富兰克林将上述13种品德写在一个笔记本上，并制成一个小册子，每日都要对着小册子逐条反省自己的行为。他在自己的自传中提到了这种方法，他写道：我的目的是养成所有这些良好的习惯。我认为最好还是不要立刻全面地去尝试，以致分散注意力，最好还是在一个时期内集中精力掌握其中的一种美德。当我掌握了那种美德以后，接着就开始注意另外一种，这样下去，直到我掌握了 13 种为止。因为先获得的一些美德可以便利其他美德的培养，所以我就按照这个主张把它们像上面的次序排列起来。

富兰克林的经验告诉我们，自省可以帮助一个人取得进步。而做一个自己的冷眼旁观者和批评者是一种修养，它可以使我们保持清醒，避免落入自命不凡或顾影自怜的可笑又可悲的境地。

自省对每一个人来说都是严峻的，要做到真正认识自己、客观而中肯地评价自己，常常比正确地认识和评价别人要困难得多。能够自省自察的人是有大智大勇的人。

哲学家亚里士多德认为，对自己的了解不仅是最困难的事情，而且是对人最残酷的事情。

自省不是要找到自己的不足来打击自信心，而是通过这样的方式来改进并完善自己。

别人并不能映照出你自己，只有自己才是最明亮的镜子。只有进行自省才能最透彻地了解自己，对自己进行正确的认知和评价。也只有这样，才能扬长避短、驾驭情绪，让自己的人生道路少些坎坷，多些收获。

4. 在反省中认识和发展自己

反省是认知自己的不二法门。所以，我们要时常地静下心来反省自己，在认清自己的得失、成败、优缺点基础上来提升自己。

生活中，许多人面对问题时总是会说"我不是故意的""这不是我的错""本来不会这样的，都怪……"找借口、指责别人已经成为很多人的习惯，反思自己却比登天还难。人人都犯过错误，但很少有人能反省自己。

大多数人就是因为缺乏自省习惯，不知道自己这些年以来的转变，才会看不清楚自己的本质。而一个不知道自身变化的人就无法由过去的演变经验来思考自己的未来，当然只能过一天算一天。

反省，就是检查自己的思想和行为。"金无足赤，人无完人"，世界上没有一个十全十美的人，每个人都会有缺点和错误。一个自律的人应该经常检查自己，对自己的言行进行反省、纠正错误、改正缺点，这是严于律己的表现，是不断取得进步的重要方法和途径。有错误或缺点并不可怕，可怕的是无视它，不去改正它。反省是一面镜子，它能将我们的错误清清楚楚地照出来，使我们有改正的机会。

一个人如果能随时诘问自己过去的转变，就可以找出以往看待事物的观点是对还是错。若是正确，往后当然可以继续以此眼光去面对这个世界；万一是错的，也可以加以修正，如此就可以帮助你以正确的观点去看待周围的事物。

苏格拉底曾说："没有经过反省的生命是不值得活下去的。"有迷才有悟，过去的"迷"正好是今日"悟"的契机。因此经常反省、检视自己，可以避免偏离正道。

钟海每个月的月底都会给自己放一天假，沏壶茶，静静地卧在沙发里，他会利用这一天的时间好好反省自己在这一个月所做的亏心事，通过这些亏心事，钟海认识到了在自身性格中的不少消极因素，并通过自身的努力去克服它们，从而使自己朝有利的方向发展。

正如成功多是由内因起作用一样，失败也多是由自己的缺点引起的。一个人必须懂得不断反省和总结自己，改正自己的错误，才不会老在原处打转或再次被同一块石头绊倒。人只有通过"自省"，时时检讨自己，才可以走出失败的怪圈，走向成功的彼岸。

英国著名小说家狄更斯的作品是非常出色的，但是他对自己却有一个规定，那就是没有认真检查过的内容绝不轻易地读给公众听。每天，狄更斯会把写好的内容读一遍，然后去发现问题，然后不断改正，直到6个月后才读给公众听。

与此相同的是，法国小说家巴尔扎克也会在写完小说后花上一段时间不断修改，直到最后定稿。这一过程往往需要花费几个月甚至几年的时间。正是这种不断自我反省、自我修正的态度，让这两位作家取得了非凡的成就。

中国著名的学者曾子说:"我每天多次自我反省:为别人办事是不是尽心竭力了?和朋友交往是不是做到诚实了?老师传授的学业是不是复习了?"孔子认为曾子能够继承自己的事业,所以特别注重传授学业于他。

反省是心灵镜鉴的拂拭,是精神的洗濯,它涵盖了我们整个生命的全部内容。一个具备反省能力的人一定是具有自我否定精神、能不断提高自己的人。

5. 勇于自省,敢于担当

工作中难免会有失误,面对过错和失误,最重要的是要有一种勇于自省、敢于担当、知错能改的精神,做到这些,你的职业发展才能顺风顺水。

有责任感的人都能担负自己的责任,他们时刻反省自我,一旦发现自己存在的缺点就立即改正,从而最大限度地避免自己犯错的可能。

反省,是人类走向光明的起点;反省,是明白自己的价值与意义的捷径。

我们每一天都要对照做人的准则确认言行是否正确,进行自我反省，这非常重要。抑制自己的邪恶之心，让良心占领思想阵地。良心是"真我"，是利他之心，怜爱他人，愿他人过得好；"自我"指的是利己之心，只要自己好，不管别人。贪婪之心就属于自我，抑制自我，让真我之心活跃，就是反省。

在伟大的哲学家苏格拉底的一生中，绝大多数时间都在自我反省，他还鼓励自己的雅典朋友也这么做。他甚至这样要求自己："未经自省的生命不值得存在。"

一名出色的员工，不管发生什么事情，都会对自己的行为负责，这是自省的一种表现。一个善于自省的人通常都会人格魅力十足，因为他们总是能直面自己的缺点和错误。

在现实社会里，那些具有强烈责任感的人都会通过自省将自己做人做事的成败归结于个人行为。自省的人都是"对自己负责"的人，而对自己负责，反过来又验证了他们自己的责任感。自省与承担责任是相辅相成的，能够自省的人就能够担负责任；同时，能担负责任的人也会在责任中自我反省。

古人提倡的"严于律己，宽以待人"，意思就是要严格要求自己，对他人则要时常存有一颗宽厚的心。多做自我批评，少推卸责任给别人。尽管眼睛长在自己身上，而最常用的却是丈量他人，因此往往无法看到自己身上的缺点，当然也无法解决自己身上的问题。

可以说，自省是迈向不找借口推脱责任的第一步。你的工作不只是对企业、对老板的责任，最重要的是对你自己的责任。工作是你自己的需要，你要通过工作来得到成长，无论是在技能还是金钱方面都是这样。放弃自省其实就是放弃让自己成长、放弃争取成功和完美生活的机会。企业也许就会因此而蒙受损失，但受害最深的还是你本人。

在生活中，一个自省的人更能够积极地面对现实。人们之所以常常将责任推卸给他人，就是因为不想面对现实，但现实就是现实，逃避根本解决不了问题，只会让自己陷入更大的困境当中，还会使问题向更坏的方向发展。这就犹如讳疾忌医，人若是生病了，逃避是毫无意义的，不承认自己有病，并不表示你真的就没有病。总是逃避，只会导致病情更加严重，直至无药可救。

自省是需要勇气的，毕竟直面自己的缺点与过错是一件令人非常痛苦的事。一个人敢于躬身自省，本身就说明了他是多么的强大，所有企业都欢迎这样的员工。

畅销书《为企业工作就是为自己工作》中有这样一个观点：没有卑微的工作，只有卑微的工作态度，这其实也是一种自省，代表着一种高度负责的职业精神。作为一名企业员工，我们必须明白，唯有不断自省才能够顺利地开展工作。反省是发现解决方案的开道者，有反省在前面做先锋，解决问题的方案才会随之而来。

美国西点军校军训的目的，其实也就是为了帮助学员们养成一种健康、自省的习惯。其实，它更强调的是检查个人行为的必要性。军训以后，学员们就养成了这样一种习惯：若发现自己的某种行为方式达不到理想的效果，就立即进行纠正。

只有不断自省，才能避免自己日后再犯相同的错误。孔子最得意的弟子并非是那些才高八斗的人，而是看上去非常一般的颜回，孔子对他的评价是"颜回无二过"。因为颜回能自省，所以成为了孔子的得意门生。

由此可见，要想不犯相同的错误，唯有自省才能够做到。要做到"不二过",首先要面对现实,然后在失败的基础上认真分析原因,进行自我反省,并引以为鉴。

世界上没有不犯错误的人,却有"一犯再犯"和"不二过"这两种人,作为领导,你会信任一个总犯同样错误的人吗?你会任用一个总犯同样错误的人吗?答案不言自明。

6. 见贤思齐,见不贤则自省

金无足赤,人无完人。无论一个人有多么优秀,总会有这样或那样的缺点。自省,能让你不断改正自己的缺点;思齐,能让你不断进步。

《论语·里仁》中说:"见贤思齐焉,见不贤而内自省也。"意思是说,要是看到别人的优点,就要向别人学习,设法使自己也具有同样的优点;相反,如果看到别人的缺点,就要积极反省自己,看自己身上是否也存在类似的缺点。这句话无疑为我们不断反省和完善自己提供了一个很好的启示。

那些在事业上能够卓有成就的人,无疑都是在不断学习别人的优点、反省自己的不足的过程中不断进步的。

作家路德·杜德利就是一个通过不断学习别人的优点、反省自己而实现成功的人,他说过:"在文学上,我总是只与我认为很不错的老朋友交往,我的朋友是经过我长期选择的。和我的朋友们在一起,我总能从他们身上发现需要我学习的东西,于是我变得越来越崇高,创作的愿望也越来越强烈。我总能从我的朋友那儿得到'益处',他们十之八九都是这样。"

又如,弗兰西斯·霍勒总是把那些对他产生重大影响的书记在自己的日记里或信件中。这些书包括考德瑟特所著的《叶落格·黑尔》、爵华·叶罗德先生所著的《迪斯考斯》、培根的著作《白奈特讲述马休兹·黑尔》。这些书都记载着一个个生动感人的劳动创造奇迹的故事,读以上这些书总是使霍勒充满激情。在读到考德瑟特所著的《叶落格·黑尔》一书时,霍勒说:"每当读这本书时,书中的故事总是感动着我。我被一种激动的心情包围着,对于他们所从事的事业充满无限的倾慕和向往。"在谈到爵华·叶罗德先生所著的《迪斯考斯》一书时,霍勒说:"这本书告诉我,什么叫勤劳、什么叫收获。"关于培根的书,霍勒说道:"没有任何一本书像培根的书那样催人修身养性,他真是上帝派到人间来教会我们明白成功是如何获得的、伟大是怎样造就的天才人物之一。"

例子中的这些著名人物,无不是在通过别人反省自己、完善自己。

在生活中,要做到"见贤思齐焉"就必须有一颗谦恭之心,因为只有如此,你才可能感受到别人的"贤",否则,你处处觉得自己都比别人好,都比别人强,怎么可能认识到别人的"贤"?

而要想做到"见不贤而内自省"就必须具有自我反省的能力,只有这样,才能从别人的"不贤"中照出自己的"贤"与"不贤",

否则，别人的"不贤"倒是看得很清楚，可是却看不到自己存在着同样的"不贤"。

其实，每一个人都是我们自身的一面镜子，只要我们仔细观察身旁的人们，你将会发现，无论多么优秀的人也不可能拥有所有的优点，而看上去十分乏味无趣的人也必然会有自身的一些长处。无论对于哪一类人，你只需学习他们的长处就行了。而对于他们身上的不足之处，则要当作教训来警示自己。

若能切实地学习他人的长处，必能让他人对自己产生好感。这只需回首看看现在的自己，便能了解现在的自己不是一半以上经由学习而得的吗？重要的是，要选择好榜样，而且要有对什么是"真好"进行正确的判断的能力。

"见贤思齐，见不贤而内自省"。人类就是在不知不觉当中不断地从谈话的对象那里吸收其优点、反省自己缺点而进步的。

经常同优秀的人们往来，即使不是特别有意识地汲取别人的优点，也会在不知不觉中使自己提升到与他们相同的层次。如果你能够不断学习他们的优点，反省自己的缺点，驱策自己不断地向那些优秀的人物靠近，那么有朝一日你也会跨入优秀人物的行列中去。

7. 反省，让你克服人性的弱点

能够理性反思、主动反省就是大彻大悟。一个人在彻悟之后，便能学会审视自己，克服性格中的弱点，最终走向成功。

"人是需要被克服的东西。"尼采在《查拉图斯特拉如是说》一书中写道。为什么人是需要被克服的呢？我们需要克服什么呢？这就是尼采要解决的问题。因为他在对生命的探索中发现人性有太多的弱点，这些弱点让他为生而为人感到羞愧、感到愤怒，可他又太爱生命、太爱人类了，所以，他要让人类摆脱这些弱点，使人类变得更加强大、更加无畏、更加高大等。于是，他才发出这样的呐喊："人啊！你是个需要被克服的东西。"可以说，尼采的所有学说都是围绕人如何克服自己、使自己变得强大起来这个中心展开的，为此他提出了超人学说，激发人们不断超越自我，从而到达生命更高的地方。

毋庸置疑，在每一个人的内心深处多少都隐藏了一些不易察觉的弱点，这种内在的弱点常常会驱使一个人做出危及自己的行为。如果一个人对自己的缺点浑然不觉或者不知反省，结果就会把自己一步一步推向失败的境地。不知道自己在做什么，就是不知道自己的弱点，不能扬长避短、盲目行动的人。

是的,人性难免总有弱点,这些人性的弱点包括贪婪、心软、骄傲、自满、粗心大意、自卑、忌妒等。在投资领域,最容易显现的人性的弱点就是贪婪,对待这些弱点采取不同的态度就会有不同的结果。如果任由这些弱点疯长,那么最终的结果必然是失败;而如果能正视自己的弱点,并加以克服和改正,收获的必然是成功。像忌妒、懒惰、爱慕虚荣、撒谎等这些弱点,只要能够认识到,都是可以克服的,关键是自我反省和自我克制。

　　当然,有时候人性的弱点并不是决定的弱项,利用得恰到好处反而能够成为一个强项。正视它、制伏它,你就会无所畏惧。

　　从某种角度来说,所谓的自律,其实就是对自我的克服,不断克服情绪上、精神上、思想上的消极;不断克服自己的弱点、人性的弱点,做到慎独。因为人不是活在永恒中,什么都不是一劳永逸的,不是说通过自律达到了什么样的心境,我们就能永远活在这种心境中。不是这样的人,生活在这个世界上,每时每刻的感受都是不一样的。就拿我们自己来说吧,有时候,我们会感到一切是那么美好,仿佛什么都各得其所、得其所哉,可有时候,我们会因为种种烦心事或者莫名的烦躁不安,顿时对一切都失去了兴趣,变得情绪消沉、自怨自艾、自暴自弃、麻木不仁,而且无论一个人的修养有多好、境界有多高,难免总会有一些摆脱不了的烦恼,这就需要我们通过自律来不断维持动态的平衡,克服一些不利于自己身心的思想。

　　也许你现在还年轻,正是因为你还年轻,你就应该严格要求自己,只有在年轻时严谨、自律,才能克服人性的弱点,培养良好的品行。撒谎、欺骗、忌妒、怨恨、诽谤等,所有这一切人性的弱点都与品性上的缺陷有关。倘若一个人在各方面都相当纯洁,那么他的品行就不会受到影响。

当然，相对人性的弱点而言，人也有很多人性的优点，譬如，正直、勤奋、活力等。可是如果你不拥有第一个品质，也就是说，如果你不具备正直的品行，其余两个就会毁灭你。所以说，即使利用人性的优点，也要建立在克服人性的弱点的基础上。

但往往，人又是极其富有感情而脆弱的动物，从知道用树叶做成衣服的那一刻起，就学会了极力美化自己的优点，以便更好地去掩饰缺点。人就是这样一个复杂的矛盾体，渴望却又害怕认识自己，所以就会产生痛苦。在这痛苦之中，有人无力自拔，成了自己的奴隶；也有些人在经历了深刻的自我反省之后，勇于坦诚地面对世俗的眼光，向自己挑战，进而重新认识了自我。

人性的弱点最易让人迷失理性，所以你要善于自我反省、自我批评，检视一下自己的内心。自我反省是提高一个人认知能力和办事能力的手段，缺乏自我反省只能是盲目者最显著的特征，不能从根本上清理自己的错误。一个错误太多的人，只能在失败的道路上走得更远。

一个人如果失去反省的能力，他就看不见自己的问题，更不能自救。假如一个人不时常反省或管理自己，便很容易把责任推给别人，犯上自以为是的错误。

反省的好处是让我们更清醒地认识自己。在安静的心灵状态下，我们可以看清事情，包括我们自己对问题应负的责任、做事情的新方法以及我们挡住自己的方式。反省让我们觉察到自己所设下的限制，以及我们思考中的某些盲点。反省自己的同时，其实也是在接近成功。

如果你想成为一个成功的人，一定要先弄清人的本性，无论做什么都必须克服人性的弱点，才能跨上一个高度。如果不能清楚地知道自己的弱点并加以超越，那么你的能力以及思想高度都会永远停滞不前。

　　一个人唯有领悟了人性，克服了人性的弱点，才能找到成功的捷径。所以，想要有所作为，你就必须首先了解人的本性、探究人的本性。只有弄清楚了人性的弱点，你才能有针对性地克服这些弱点。而只有正视人性的弱点，你才能超越它。

第 3 章

自制力有多强，竞争力就有多强

古往今来，凡是事业上有所建树的贤良之士无不深谙自警之道，处世谨慎小心、慎思慎独。正如古人所言："常鸣警钟，行举自醒。"自警可以让我们更自律，进而获得更大的成功。所以，在纷繁复杂的社会大环境下，每个人都应该想方设法地去提高自己的警觉性。

1. 自警，让你更有竞争力

职场生涯变化万千，很多事情都让人无法预料，只有让自己时时保持警醒的状态，时刻保持自律，在困难和挑战面前才更有力量和勇气。

"真烦！有什么事都找我！"
"我为什么这么倒霉？别人都不用做，就只有我要做。"
面对日益繁重的工作，你是不是也曾这样抱怨？你是不是认为老板真的很对不起你，给你微薄的工资，却让你终日忙碌不休？如果你真的有这样的想法,赶紧给自己一个警告吧。在这个生活压力越来越大却又竞争激烈的年代,能"一人当多人用"的人往往是最有价值的人,也是能站得最稳的人。为了保住自己的饭碗,你一定要有足够的自律,告诫自己放下所有的不情愿,把有限的时间投入到无限的工作中去。倘若你还时常被交付重任,那么你就更不该抱怨,而应该偷笑。

如今,随着商业社会的成熟,越来越多的企业从原本注重员工的学历转变为注重经历、工作态度、价值观以及综合素质。所以你不妨聪明点儿,投其所好,在上述方面多下点儿工夫,让老板看到你的多元性与多项任务操作能力,这样才能成功提升自我价值。

多年前,一个老板曾经聘用了一名女孩做助理,工作内容很简单,就是帮忙拆阅、分类信件。老板看着她每天面无表情,一板一眼地执行工作,虽然说不上不开心,但想必也没有多快乐。

有一天,这个老板经过她的座位旁,却突然停了下来对这个女孩说:"我知道你认为工作很无聊,但是你可以尝试从中找点儿乐趣,而这一切的前提就是你能够有足够的自律让自己投入到工作当中。"

连老板自己也没想到,他的这句话给女孩带来的改变会来得这么快且剧烈。此后,她开始在晚饭后回到办公室继续工作,不计报酬地做些分外的工作,比如替老板回信给客户。为了力求把工作做得完美,她认真研究老板的写信方式,努力让这些回信看起来更逼真,就像是老板亲自回复的一样好。在不断的钻研中,女孩感觉到了工作的乐趣。她一直持续这样做,似乎不在意老板有没有注意到。而老板嘴上虽然不说,其实都看在了眼里。

过了没多久，老板渐渐会交付她一些原定工作内容以外的事情，她的表现从没让老板失望过。在前任秘书离职后，她理所当然地成了老板的新秘书首选。升职时，她写了一封表达谢意的信给老板。但是老板却对她说："这一切都源于你的自律，当你发现自己的错误之后，能够马上改正自己的态度和做法，这就是最大的竞争力！"

在没有得到这个职位之前便已经身在其位，这正是女孩获得提升的最重要原因。她能够在下班之后在没有任何报酬承诺的情况下刻苦训练自己，这就是自律的威力。自律是提升个人竞争力、做到物超所值的利器。

光从行为上看，人们或许都会偷偷取笑女孩傻，但如果从结果来看，还有人认为她这么做很傻吗？

每个人在职场上辛苦耕耘，无非是希望职位能越升越高，薪水袋能越来越厚。既然我们的目标如此简单，那么与其成天计较工作多寡，不如把心思放在提升自我价值上，因为总有一天，你的努力终将获得回报。

学习的脚步永不能停息，要想不断提升自己的价值，关键是要提高自己的自律能力。一个自律的人能够突破自身限制，这个"限制"指的就是我们的能力所能达到的高度和宽度。在提升自身价值的过程中，不必在意老板究竟有没有注意到，也不用忙着计较自己能不能因为多做的事情而得到额外的报酬。如果我们能够发挥自律，让自我达到这种境界，那么一定能够实现自我价值，成为那个"不可或缺"的人。

可能多数人都认为混日子是件轻松又惬意的事。我们先不讨论这种观点的是非对错,光看得失利弊就好。请想想,现实生活中,有哪家公司会给不能为公司创造利润的员工福利及加薪呢?抱着混日子的想法来工作,不但无法持久,而且前途渺茫。希望自己是前途"无量"而非"无亮",首先得让企业主感到"物有所值",再力求"物超所值",如此才有机会在公司占得一席之地。所以,不管怎么说,提高自己的竞争力是让自己脱颖而出的最好办法。

没有一个老板喜欢做亏本的生意,公司聘用员工,当然会设下期望值,期望值的依据是学历、能力和资历。当个人表现和公司期望相吻合时,会被认为是"物有所值";当表现超越了公司期望,就会被认为是"物超所值"。从表面上来看,受惠者是公司,但实际上应该说是"双赢"才对,因为当你的个人价值越高,企业对你的依赖度就会越深,形同一种保障,也是一种胜利。

做到"物超所值",就等于具备了真正的竞争力。有了竞争力,便不容易被取代。

有的人会说:"我的职位又没多重要,怎么彰显自己物超所值啊?"别担心,就算职位再普通,你也能做出高于常人的成绩,而这一切的前提就是你要懂得自律、自我警醒、自我教育、始终保持成长、主动沟通、积极合作。

2. 做好自己的分内事，才有竞争力

好高骛远总不如脚踏实地实际，只有做好自己该做的，才能去做能做的。

职场上，有些人总是好高骛远，只想着将来要获得什么样的成绩，而忘了自己分内的责任，这种人是很难获得成功的。即便你的工作再卑微，你也要记住，那是你的责任，只有完成了自己的责任才有资格去谈成功。

成功不见得在大领域内才能创造，即便是范围有限的专业领域，只要专心钻研，不轻易放弃，也不要轻易自满，最重要的是运用自律，让一次又一次的成功表现成为跳板，在小领域也能创造大成功，帮助自己再攀向另一座人生高峰。

在英国赛马界有一位声望极高的权威性人物亨利·亚当斯，他既不是名声显赫的老板，也不是技能出众的骑师，而只是一名负责钉马掌的铁匠。可为什么像亨利这样在一般人印象中的"小角色"却会成为重量级的人物呢？原因就是他总能够给赛马钉上最合适的马掌。

亨利常说："我给赛马们钉了一辈子的马掌，这就是我的工作，

也是我最关心的事。每当我看到一匹马,首先想到的就是这匹马应该要钉一副什么样的马掌最合适。"

亨利做了一辈子钉马掌的工作,或许有人认为这份工作微不足道,但他却因为这份工作为自己赢得了极大的荣耀。即便在他年事已高的时候,找他替马钉马掌的骑师仍然络绎不绝,生意好到要排队等候是常有的事情。

相信大家应该都很羡慕荷包满满、生意应接不暇的亨利·亚当斯吧。他就是典型的"从小处创造大成功的人"。如果你也希望能够像他这般,那么就必须先在工作上做到自律。不妨通过问问题的方式来提醒自己、训练自己。例如,我是否明确了解自己的职责?我是否能够抗拒各种诱惑,把工作做到尽善尽美?我在工作不如意的情况下,是否也能"在其位谋其职",仍旧投入自己全部的精力?

如果你对于上述问题皆能获得肯定的答案,那么属于你的成功应该就在不远处了。当然,成功没有那么容易,不可能唾手可得,在过程中吃点儿苦头是难免的,不过,如果能站得高一点儿,看得远一点儿,眼前的困难就会变得微不足道。最好的办法就是发挥自律,对自己严格一点儿,定下更高的目标,提出更高的要求,并且一步一个脚印,排除万难,踏实地完成,在有办法承受挫折与考验之后,你将能清楚地知道,今日的锻炼将是未来成功的垫脚石,往后若是再面对工作中的各种困难时便能够处之泰然了。

或许有人心里会这么想:"我负责的是再普通不过的工作,就算做得再好也看不到出路。况且那么无聊的工作和优秀根本扯不上边儿,只是混口饭吃罢了,要通过工作来变得优秀谈何容易!这种方法可能不适合我吧！"

然而，可以十分明确地告诉你，这种想法是非常危险的！对于一个有自律能力的人来说，"尽本分"是无可逃避的责任。是否做好了自己的本职工作也是一个人竞争力最好的体现。著名的经济学家茅于轼在《中国人的道德前景》一书中说："一个商品社会的成熟程度，可以用其成员对自己职业的忠诚程度来衡量。社会成员具有强烈的职业道德意识是商品经济长期锤炼的结果。一个人如果不尽本分，不忠于自己的职守，必然被淘汰，不像在德行的其他方面，如果有什么缺点还不致立刻威胁到自己赖以谋生的手段及饭碗。"

虽然绝大多数的人站在不同的工作岗位上，但若将他们的工作内容抽丝剥茧地细细审视，便不难发觉可能有九成以上的人都在做延续性、重复性、维护性的工作，公司里真正能达到开创性的人大概不超过10%。这么说来，难道只有少数的人才能算作是有竞争力吗？答案是否定的，一个人之所以优秀的决定条件不在于他担任什么样的职位，而是在于他是不是有足够的自制力来完成看似枯燥的工作，并且在这份工作中提高自己的竞争力。

在某大厦的电梯间里有一道靓丽的风景，一支由年轻女孩组成的电梯服务队给人留下了深刻印象。

她们身着空姐式的制服，工作场地是只有几平方米的电梯间。工作虽然很劳累，但是她们在迎来送往的工作中始终面带微笑，凡是来过这里的顾客都对她们那如花般灿烂的笑容记忆犹新。

电梯员的工作很枯燥，每天重复的语言只有这样几句话："您好！请问您去几层？""好的！请您慢走，谢谢光临。"这些看似简单的语言说起来容易，但是一天始终重复却不是一件简单的事情。

黄某就是这个企业的一名电梯员，她刚刚来到这家企业的时候，是一个性格腼腆的农村女孩，很自卑，企业领导就针对她的性格，有意让她多参加对外宣传、演出等活动。

渐渐地，黄某的性格变得开朗活泼起来，在公司的悉心培养之下，她已经成为这家企业的明星人物，见到她的人都亲切地称呼她为"微笑大使"。

因此，热情、周到的服务不仅为黄某迎来了众人的好评，同时也有一些企业用很诱人的工资和待遇想要把她"挖走"。

故事中的黄某是个自律的人，她做好了自己的本职工作，也提高了竞争力。

真正技艺高超的厨师在大秀厨技时会选择家常菜；画技高超的画家用简单的线条，三两笔就勾勒出感动人心的画面。谁说复杂的事物才值得用心？谁说困难的工作才得要认真呢？就是再平凡、再普通的例行公事，也应该尽本分地妥善执行，因为即便是一项简单的小任务，只要能圆满地完成，结果就是 100 分，谁能说屡屡拿下满分的人不优秀呢？而优秀，就可以为自己创造更多的机会。

所以，无论做什么工作，都要在明确清楚知道职责的前提下，心无旁骛地把每一件任务尽可能做到最好。不论有没有旁人的监督，我们都应该认真、负责地做好分内事，因为这是一条帮助我们脱离平凡、走向成功的最佳道路。

3. 成功就是永远比别人快一步

只有在工作上时时领先，才能在职业发展的境界中比别人快一步提升。

你是不是总难逃第一个到公司、最后一个下班的命运？别人花半天时间就能完成的任务，你是不是总得花整整一天，甚至是两天才能做完？同样的工作内容与工作环境，同事的业绩为什么总是比你要好很多？这时候，你可能会愤愤不平，并且还会怀疑大家做事不够仔细、打马虎眼，其实，只是你比别人慢了一步而已。

从今天起，自律一些，逼着自己比别人快一点儿吧。如今的世界是一个快节奏的社会，只有更快才有更强的竞争力，如果你落到了人后，那么离被淘汰也就不远了。

东方鱼肚白尚未升起前，在非洲偌大的草原上，狮子、羚羊等动物错落盘踞在各自的角落里。

早晨的曙光刚刚划破夜空，一只羚羊猛然从睡梦中惊醒，然后快速跑了起来，羚羊心想："如果慢了，我就可能会被狮子吃掉！"于是，它起身就跑，朝着太阳的方向飞奔而去。

就在羚羊醒来的同时，一只狮子也从睡梦中惊醒。"赶快跑！"

狮子心想,"如果慢了,我就可能会被饿死!"于是,它起身就跑,也朝着太阳的方向飞奔而去。

谁快谁就赢,谁快谁生存。在弱肉强食的生物界里,不论是位处食物链顶端的"万兽之王",还是以吃草为生的羚羊都面临着生存问题。如果羚羊跑得快,狮子就可能饿死;如果狮子跑得快,羚羊就可能被吃掉。即便两者实力悬殊,即便狮子看起来似乎有很大的胜算,也没有谁敢轻忽怠慢。因为速度决定一切,谁快谁就赢得机会,"谁"快就代表"谁"比对方更优秀。

这个社会与草原一样,你慢了,就抢不到食物,甚至会被人"吃掉",人生的游戏规则也是如此。

如今,每个个体都身处于一个竞争环境中。一家企业必须在市场上与同行企业竞争,以求生存;一名员工必须与同事竞争,证明自己较优秀,以求得更好的发展。那么,什么样的人能够成为竞争中的大赢家呢?答案是自律的人。懂得自律的人会时刻鞭策自己,加快反应的脚步,凡事"快"人一步。当你跑在别人前面,想要不被注意都很难。

速度往往是胜负的决胜点。竞赛以快取胜,搏击以快打慢,跆拳道讲究心快、眼快,还有手快。军事上说"先下手为强",而商场上的大老板们所奉行的哲学,早已从"大鱼吃小鱼"演变为"快鱼吃慢鱼"。

竞争的实质,就是在最短的时间内做出最好的东西。人生最大的成功,就是在最短的时间内实现最多的目标。唯有在时间上领先,才有机会在其他部分领先,慢一步的后果就是与机会擦身而过。

在竞争的过程中，除了注意自己的速度外，还得注意竞争对手的速度。因为有时候我们慢，不是因为我们不快，而是因为对手更快。在竞技场上，冠军与亚军的区别，有时小到肉眼无法判断。比如短跑，第一名与第二名之间有时仅相差不到一秒；又比如赛马，第一匹马与第二匹马之间有时仅仅相差半个马鼻子（几厘米）……

无论是相差0.01秒还是几厘米，虽然差之毫厘，但结果却有着天壤之别。众所周知，冠军与亚军所获得的荣誉与财富绝对有明显差距。我们都知道，第二名的实力也算强劲，但现实总是无情，能被群众记住的往往只会是一个人，那就是第一名。所以，你一定要时时提醒自己快一点儿，要不然，你的竞争力就无从谈起。

要想快，还是需要我们自律，做不到自律就只能尝到"落后"的苦果。因为"快"需要的是心无旁骛，需要不断为自己加把劲儿。对于先天条件不足的"慢行者"而言，更需要有"笨鸟先飞"的自觉意识，而这一切都要靠自律来实现。

然而，话说回来，人难免都会有惰性，也很容易帮自己找借口。在督促自己加快速度的过程中会想要停下脚步、偷一下懒的念头出现，这是很正常的事情，当下心里的旁白大多是："不过就是偷懒一下，应该没有什么关系吧！"当这样的想法入侵大脑时，请提醒自己，日本SONY的创始人盛田昭夫说过："如果你每天落后别人半步，一年后就是183步，10年后就是十万八千里。"这个数字是不是很惊人？你现在还觉得偷懒一下也没关系吗？

完成工作比人快一步，职业境界的提升比人快一步，只要能在自律上领先一步，相信你就能在工作上、人生中步步领先。

4. 进取心需要靠自律来维持

进取心,能使人不满足于现状、奋发向上,能够使人坚持不懈地奔向理想和目标。然而,理想最终能否成为现实,最关键的因素还是要看这个人的自律精神有多强。

我们正处在一个快速发展、不断变化的时代,昨日的成就不能代表今日和明日的成就,只有怀着强烈的进取心与时俱进、超越自我,才能保持优秀。但是,人与生俱来都有一种惰性,这种惰性会不断侵蚀进取心而缺乏自律的态度,如此,再强烈的进取心也只能维持一时,难以落实成为习惯。

要想以高度的自律维持这种能够让自己不断超越自我的进取心,就必须明白,在激烈的竞争中,要不就是选择向前进取,要不就是落得出局。

不少事业小有成就的人,对于实现目标的渴望已经不像过去那样感到强烈。当奋斗的方向变得模糊,多少会产生"刀枪入库,马放南山"之类的思想,那么,他们的最终结果只有一个,就是被更有目标、更有进取心的人给淘汰出局。所以,一个想要成功的人就必须时时自警,让自己保持强烈的进取心,多一分竞争力。

美国棒球界历史上最伟大的投手之一莫德克·布朗，其成功经历完美地诠释了进取心和成功之间的关系。

莫德克·布朗从小就立志要成为棒球联盟的投手，可是上帝并没有因此眷顾他。小的时候，他在一家农场做工，右手不慎被机械夹住，导致中指严重受伤，食指的大部分残缺不全。要知道，对于一名投手来说，失去手指意味着要想成为全棒球联盟最好的投手几乎是不可能的。在他受伤之前还有机会去争取，可是在他的右手致残之后，这个梦想似乎变得遥不可及了。

然而，这位少年并不这么想，他没有因此放弃自己的梦想，而是完全接受了不幸的事实，尽自己最大的努力学习如何用剩余的手指来投球。

后来，他有机会成为地方球队的三垒手。有一次，当莫德克从三垒传球到一垒时，教练刚好站在一垒的正后方。当教练看到莫德克传出来的球快速旋转划出完美的曲线，落入一垒手的手套里时，不禁惊叹道："莫德克，你是天才的投手，你的控球能力实在太出色了，投出的高速旋转球，任何打击者都会挥棒落空的。"

的确如此，莫德克投出的球，球速之快，角度之刁钻，往往令打击者束手无策。就这样，莫德克将打击者一个个三振出局。他的三振纪录和胜投次数高得惊人，不久便成为美国棒球界的最佳投手之一。

事实上，正是他因为受伤而变短的食指和扭曲的中指，使球的旋转产生了与众不同的角度和力道。莫德克之所以能够实现自己的梦想，依靠的正是这股积极进取的精神，即便遭遇重大困难，阻碍了梦想，也坚持不放弃。

　　由此可见，一名有进取心的人，即使屡遭失败仍然不会放弃努力。成功的大小不是由人生高度来衡量，而是借由我们在一路上所克服的障碍数目来衡量。

　　对现状的不满足，是促使我们不断追求成功的强大动力。世界上有很多一无所有、一事无成的人，而造成他们一无所有或一事无成的原因，就是太容易满足。期待自己能上进，就绝对不能自满地停留在现有的地位，目标应该定得更高，眼光应该放得更远。

　　未来的发展可以永无止境，同样，我们可以选择是继续前进，还是停滞不动，或者是直接放弃，关键在于你能否坚持自律，避免让惰性放大，淹没了自己。那些在事业上取得成功的人，莫不是保持着"努力进取"的信念努力前进的，目标的设定与实现是最好的方法与实践。其中比较积极、有远见者，甚至会在达到某一个目标之前就已经设定好后续的许多个不同阶段的目标，从而展现对自我人生的高度掌握性。

　　在目标实现之后，优秀的人不会耽于安逸，因为他们知道，竞争永不停息，所以人不能安于享乐。正是这样的自警和自律促使他们再度接受挑战，朝下一个目标迈进，如此周而复始，永远向更远大的目标挺进，全身心投入到追求更优秀的境界中。

　　这些人永远能够从生活、工作以及获得的成功中感受到由衷的喜悦。他们始终保持着旺盛的斗志和充沛的精力，昂首向前，不管在任何时候都不会丧失热情。对他们而言，"已经达到最终目标"的情况是不存在的，优秀的人无时无刻不在为自己新的目标而不懈努力，并且享受过程、乐在其中。

优秀来自自律而非超能力，当然也会有感觉疲惫的时刻，也可能会想松懈、想更随便一点儿地生活，但是，自律和自警却能让你再度打起精神。个人的进取心是实现目标不可缺少的要素。进取心会使我们进步，因而带来更多成功的机会。

1948年，牛津大学举办了一场主题为"成功秘诀"的讲座，邀请丘吉尔来演讲。

丘吉尔做手势止住了如雷的掌声，他说："我的成功秘诀有3个：第一是，决不放弃；第二是，决不、决不放弃；第三是，决不、决不、决不放弃！我的演讲结束了。"说完就头也不回地直接走下了讲台。

经历了整整1分钟的沉寂，全场鸦雀无声，随后，观众席上爆发出经久不息的热烈掌声。

这些掌声不仅是对这位伟大的政治家、外交家的尊敬，更是对这位大人物进取精神的一种褒扬。

保持进取心、追求卓越是成功人士永远的信念。这种信念不仅造就了成功的企业和杰出的人才，还促使每一个努力完善自己的人在未来不断地创造奇迹。

每一位成功者都有勇往直前、不达目的誓不罢休的进取心。当一个人具有这种进取心，将如虎添翼、力量倍增，任何困难和挫折都阻挡不了这股力量。凭借进取心，我们能够敢于面对重重的困难，敢于面对各种挑战，不仅敢于向"可能"挑战，更敢于向"不可能"挑战，因为在进取心之下，所有困难与考验都是成功的必修课题，只需面对，无须恐惧。

能坚持不懈做到自律的人，不会仅靠运气来获得成功，即使在最艰难的时刻，他们也会坚持工作，决不会放弃努力，这就是成功的关键所在。

进取心能促使一个人知道自己应该做什么，并且积极主动地去做应该做的事情。进取心与自律的态度相辅相成：有进取欲望的人更容易做到自律，而以自律的态度对待工作的人，相对地，能更长久地让进取心推动自己的工作。

5. 像雄鹰一样不断长大

成功没有终点，你必须不断地努力、奋斗，再去努力、奋斗。

有这样一句名言："世界属于知足但永不满足的人们。"是的，任何一个成功的人很少陶醉在已有的成就之中，而是善于忘掉"过去"，面向未来、勇于变革，从而不断超越自我。

事实上，整个世界就像个竞技场，每个人从出生那天起就投入比赛中了，比学习成绩、比工作成果、比事业成就、比家庭幸福……而成功的人总是那些不安于现状的人。

然而，生活中有很多人一旦取得了一点儿成就，就失去了自律自警的危机意识，满足于自己的工作状况，习惯于按照上司的安排埋头工作，不想学习，也不对自己的工作进行客观的评价和适当的改进，认为自己按照上司的指令工作，纵然出现了失误，也不关自己的事。事实上,这是一种极不负责任的行为,时间长了,这种行为就会使人产生惰性,失去创造的活力和新颖的思想。

但是,任何一个强者都会像鹰一样不断质疑自己和改进自己。

鹰的寿命长达70年,但它必须在40岁时作出一生中最重要、最困难的一个决定。这时,它的爪开始老化,无法有效地抓住猎物;它的喙又长又弯,几乎碰到了胸膛;它的翅膀变得十分沉重,因为它的羽毛长得又浓又厚,使飞翔变得十分困难。老鹰只有两个选择:等死或者经过一个十分痛苦的更新过程。这时,老鹰会很努力地飞到山顶上,在悬崖上筑巢,停留在那里,这个过程需要150天。

在这150天里,老鹰不停地用自己的喙击打岩石,直到喙全部脱落,然后静静等待新的喙长出来,再用新的喙把指甲一根一根拔掉。当新的指甲长出来之后,它会用爪把羽毛一根一根拔掉。就这样,150天以后,新的羽毛长出来了,老鹰又可以飞翔了,可以重新面对另一个充满挑战的30年。

质疑自己的工作是不安于现状,是一种强烈进取的精神,而这种精神将支撑我们创造辉煌。

当杰克·韦尔奇在20世纪80年代初期走马上任时,通用电气看起来正是美国最强大的公司之一,它既没有处于危机的剧痛之中,也没有被不时折磨它的大公司的诸多弊病所困扰。

然而,韦尔奇一上任便指出:应该把通用电气公司放在"全球性经济环境"中来思考其未来,要为进入21世纪做好准备。在这里,

"全球性经济环境"的一个重要部分指的就是以日本企业为主的竞争。以他当时的话来说,就是"2000年后能否与国外公司竞争,是我们从现在起,每一天都必须考虑的问题"。

韦尔奇进一步指出"在这个越来越小的世界上,胜者和败者的界限日趋分明,在这里,没有'还过得去'的企业的位置"。他觉察到他面临的是一个不确定的未来,考虑到这些,韦尔奇担心通用电气的竞争者将因此而变得强大起来,他希望这个公司变得更有竞争力。为了达到这个目标,韦尔奇感到他需要一个流畅的和进取的通用公司,这意味着当时的通用公司将被简化为一个较小的却反应灵活的公司。因此,韦尔奇采取了一系列行动,并取得了辉煌成就,从而成为当今全球经理人的偶像。

通用电气在杰克·韦尔奇上任的时候已经是一家很杰出的公司了,但韦尔奇没有满足,而是在前进中不断找到通用存在的问题,处理了一个又一个棘手的问题,促进了通用的良性发展。

惠普公司原董事长兼首席执行官卢·普拉特说:"过去的辉煌只属于过去,而非将来。"未来学家托夫勒也曾经指出:"生存的第一定律是:没有什么比昨天的成功更加危险了。"葛洛夫也有一句名言,即"唯有忧患意识,才能永远长存",并说英特尔公司一直战战兢兢,不敢有丝毫懈怠,"让对手永远跟着我们"。张瑞敏的"战战兢兢、如履薄冰"的危机意识早已深入海尔每一个员工的内心深处。这种强烈的忧患意识和危机理念赋予这些企业一种创新的紧迫感和敏锐性,使企业始终保持着旺盛的创新能力。

IT业界流传着韩国三星集团前总裁李健熙的一句名言:"除了妻儿,一切都要变。"这句话正是当年李健熙下定决心带领三星集团励精图治、发愤改革的真实写照。

1987年,李健熙从父亲李秉喆手中接过三星集团这个大摊子,1993年开始重塑三星,并且提出"除了妻儿都要变"的口号。

当时,李健熙决心给"沉睡中的三星一剂猛药,一个改革的信号弹"。于是,变革就从改变上下班时间开始,将原来的"朝九晚五"变成"朝七晚四",20万名员工都提前两小时上班。进行这种大规模的变革会遇到很多阻力,但是李健熙相信,如果下不了这个决心,振兴三星的日子就会遥不可及。

三星人从此意识到"改革开始了",很多人从闲散的状态中清醒过来,开始利用早下班的时间学习外语、培训进修,他们付出的这些努力为日后三星集团扩展海外市场打下了坚实的基础。

1997年,韩国受到东南亚金融危机的冲击,很多韩国大企业纷纷破产倒闭,举国上下损失惨重,三星集团也难免受到影响。面临重重危机,李健熙决心再次重整三星,他对员工们说:"为了公司,生命、财产甚至名誉都可以抛弃。"

李健熙拥有如此强烈的危机感与决心,在他的带领下,三星集团制定了明确的战略方向,坚定不移地执行战略,变革在不断推进,影响深远。

直到2002年年底,三星集团已经跻身全球IT行业前20名。为了表明"一定要结果",而不是简单的"想要",三星集团将上班时间提前两个小时,20万名员工的生活习惯从此改变。由此,我们可以看出李健熙的变革决心之大。

下定决心、排除万难、勇于改变，只有这样，我们才能获得巨大的突破。价值是一个变数，今天你可能是一个价值很大的人，但如果你故步自封、满足现状，明天你就会贬值，被一个又一个智者和勇者超越。今天你可能做着看似卑微的工作，人们对你不屑一顾，而明天，你可能通过知识的不断丰富和能力的提高以及修养的升华让世人刮目相看。在时代发展一日千里的今天，只有抱着不断超越平庸、绝不安于现状的心态，不断实现自我从优秀到卓越的跨越，你才能不断提升自己，成为职场中的常胜者。

　　国内一家知名企业的总裁说过，最危险的时候就是你没有发现危险到来的时候。其实，每一个组织以及每一个人都可能随时遭遇类似于"风暴"的不可控制事件，这些事件会毁掉一切，让没有准备的、安于现状的人陷入绝境。

　　即使没有狂风大浪，你所处的环境也每时每刻都在变化，安于现状只能是一厢情愿的梦想，当你从梦中醒来时，会发现原来所拥有的一切都已经随风而逝。因此，你必须时刻提醒自己要主动变化，在"现状"变化之前就做好准备，如果等"现状"变化了再变化，一切都晚了。

　　可见，人应该在刚健勤勉的同时怀着一种如同身临险境或即将面临困难的大敬畏意识。这种大敬畏、大忧患意识，使人在成功的时候清醒地看到还有很长的路要走，还有很多困难需要克服。

　　今天的成功仅仅代表着今天，明天必须继续前进。人生道路上应保持自律，多一分自警的意识，积极地反思自身的行为，努力寻求解决问题之道。

6. 唤醒危机感

人可以满足，但不能安于现状。要实现理想，就要不断地努力拼搏。唤醒你的危机感，时时警醒自己。

如果说学习如逆水行舟，不进则退，那么人生也是如此。历史的车轮滚滚向前，社会是不会等待你长大的，如果你不能积极成长、与时俱进，就只能被社会淘汰，因为时代在发展，社会在进步，你不成长，就是不进则退。

某知名主持人在总结自己的过去时，认为自己最大的心得是，这一辈子你可以不成功，但是不能不成长。

是的，只有成长的人才能跟得上时代前进的步伐；只有成长的人，才能适应企业和组织的发展；只有成长的人，才能保持清醒的危机意识；也只有成长的人，才能总是胜任工作，才可能捧上金饭碗，拥有终身受雇力。

A和B大学毕业后，一起进入深圳的一家公司。由于缺乏经验，两人被安排从基层做起，先从搬运工做起，A每天很早起床，来到仓库里打扫仓库，B每天都是踩着上班的最后一刻时间来到公司，并且上班的时候常常走神，心思神游。

长此以往，B慢慢地觉得工作就是混日子，日子就是混工作。而A在工作中找到了激情，并且在工作中找到了乐趣，他慢慢地开始研究一些管理中的技巧并且试图解决别人解决不了的问题。渐渐地，两人间的距离越拉越大，在年底的总结会上，A被授予先进员工，并且获得了很丰厚的年终奖，而B还是普普通通、浑浑噩噩地混着日子。

危机是个人成长的信号，如果安于现状，看不到自己所面临的竞争和危机，那么你必定会被未来社会所淘汰。一个人应当让自己跟得上时代前进的步伐，要学会和自己比赛，每天都要淘汰掉那个已经落后的自己。如果你不主动去淘汰自己、超越自己，那么你必将被别人超越和淘汰。

社会是一个永不闭馆的竞技场，每天都在进行着淘汰赛，不是自己淘汰自己，就是被别人淘汰。我们只有主动出击，每天进步一点点，抓住一切机会提高自己，才能够逐渐强大，让自己保持持续的竞争力。否则，只能像大熊猫那样失掉竞争和生存的能力。

不可否认的是人都具有惰性。一旦环境稳定下来，只要付出50%的精力就可以应付所做的工作，人们就会变得懒惰、不思进取。社会在飞速发展，现在已经不再是一个靠经验吃饭的时代。任何人如果不紧跟时代的步伐前进，就会成为落伍者。世界上的人口在飞速增长，相应而来的是大量人才的出现。在一个团队中，任何人都不是独一无二、不可或缺的。失去一个人才，马上可以在社会上找到同样类型的人才补充进来。工作是什么？工作就是自己生存的保障，衣食住行都要靠工作所获得的薪水来维持。丢掉了工作，你就丢掉了一切，更不要说理想和事业。只有具有了危机意识，你才能不满足于已经取得的一些成绩，你才能督促自己在工作之余学习新的知识和技能。

以前，古人提出了"忧劳可以兴国，逸豫可以亡身"的说法。李自成由得天下到失天下的过程，为上面的说法提供了有力的佐证，几乎我们每个中国人都深知这段历史，都懂得生于忧患而死于安乐的道理。可是生活在竞争日趋激烈的时代的我们，是否真正意识到了生存的危机与挑战？这是值得每个人沉思的，我们该如何对待自己的人生？

人生一世的确不容易，我们不可能一帆风顺，也不可能风光一世，所以我们不能安于现状，要对自己有所提高，要有忧患意识。因为只有有了忧患意识，才能有备无患，才能在工作生活中有上进心、有进取心；过分享受与依赖安逸就会消磨掉一个人的斗志，那样的话我们就会苟活一生、碌碌无为。换言之，只有有了忧患意识，才能积极去拼搏奋斗，人生才会绚丽多彩。

第 4 章

管好自己，才有领导他人的资格

人要能够管住自己，才能成功。管住自己，看起来不是什么难事，然而管不住自己的却大有人在。有的人常常找客观原因，认为大环境好一点儿，自己就不至于此。诚然，大环境的确能对人产生很大影响，可是在同样的环境里、在同样的诱惑面前，为什么别人能做到诱而不动心、惑而不乱意，而你自己却把持不住呢？说到底还是自身的自律能力不够强。

1. 要领导别人，先管好自己

每个人都是自己的领导者和管理者，管好自己的行为，才有资格去领导他人。

卓越的领导者不是天生的，在成为成功的领导者之前，先学会做个称职的被领导者吧。所谓"打铁还得自身硬"，就是这个道理。最好的领导者就是最好的被领导者，要不然即使做了领导，也是"上梁不正下梁歪"。

所以，不管环境如何，管好自己是做人的义务。只有这样，你才有资格领导他人，才能在做事时有效地分配时间、精力和资源。一般来说，越能自我约束、管好自己的人，实现目标的愿望就越强烈，因为你的大脑是清醒的，而实现梦想的愿望越强烈，你就越有动力，就越能掌控外界的干扰。

《意林》上曾经刊登了一篇叫《西点第一课》的文章，文章是这样写的：

"刚进军校不久，西点就给我上了一课，对我日后的领导生涯起到了至关重要的作用。

"军校的学生都是预备军官，因此学年之间等级非常分明，一年级新生被称为'庶民'，在学校里地位最低，平时基本上都是充当学长们的杂役和跑腿。

"'陆军与海军文化交流周'的时候，西点和海军军校要举行一场橄榄球赛，就在比赛的前一天晚上，三年级的学长怀特中士邀请我跟他共同完成一个'幽灵行动'，也就是以幽灵为名的恶作剧。能被高年级学生接受，我觉得很荣幸，便立刻答应下来。行动的目标是一个来访的海军军校学员，我们要把他的宿舍搞得一团糟。我有些犹豫：'这样是不是太过分了？'怀特和其他学长都说：'别担心，我们领头，出了事跟你没关系。'

"晚上11:30，宵禁之后，大家悄悄摸到'敌人'的宿舍楼，按事先安排的位置站好。怀特中士用唇语数道：'一……二……三。'说时迟，那时快，我和一个二年级军官猛地推开房门，冲到床头，把两大桶大约5加仑冰冷的橙汁浇到熟睡的学员身上，然后迅速跑出门外,同时另外两个人向房间里投掷了数枚'炸弹'(扎破的剃须水罐),顿时到处都是白色的泡沫。最后怀特把散发臭气的牛奶泼进屋里。任务圆满完成了,众人麻利地跑下楼梯,在楼门口跟负责放哨的队员会合,然后分成几组撤离。

"凌晨3点钟时,有人敲响了我的房门,原来被捉弄的军官向西点安全部投诉,我们的酸牛奶和剃须水毁掉了他书桌上昂贵的电子仪器,床边的旅行箱也未能幸免。

"在训导员办公室里,怀特中士竭力为我开脱:'是我命令他那么做的,我愿意承担一切责任。'但是训导员不这么认为,他罚我们在早饭前把海军军官的寝室变回原样,把弄脏的衣服洗干净。这还不算,训导员宣布接下来的几个周末,我们都不能休假,而要在校园里受罚。'这太不公平了,我只不过服从了学长的命令,他应该对我的行为负责。'教官显然看出了我的不满,训练结束时,他问我:'对这件事,你觉得自己没有责任吗?'我说:'首先,主意不是我出的,行动也不是我领导的,而且我开始也反对过,但作为"庶民",我能管得了谁呀!'

"教官盯着我的眼睛,一字一句地说:'在西点,人人都是领导者。即便是个"庶民",你也至少领导着一个人——你自己,因此你必须为那天所做的事负责。'直到今天,那位教官的话仍然在我耳边回荡。那是西点给我上的第一课:想做一个成功的领导者,你必须先学会领导自己。"

没错,人人都是领导者,都是自己的领导者、管理者,即便你现在还是一名普通的工作人员,没有获得任何地位,你至少能够领导你自己、管好你自己，我们无法为别人的行为负责，但我们应该为自己所做的每一件事情承担责任，首先要自律，这也是成为一个管理者、领导者，甚至是做一个成功的领导者的前提。因为管好自己，你才有资格去领导别人。

2. 伟大的品格成就伟大的领导者

> 越成熟的稻穗，头越低垂；越伟大的人，就越谦逊。

品格是人的立身之本，是优秀领导能力的基石，是领导者的魅力之源，是优秀领导者必备的基础能力。只有拥有了高尚的品格，才能成为优秀的领导者。它不仅涉及了伦理道德的最高准则，还包含了其决断力、自我约束力和判断力。

良好的品格是高尚灵魂的结晶。拥有了良好的品格，自然就会受到人们的尊敬。那些拥有良好品格的人，往往被人视为楷模，因为它可以影响、决定各种事物发展的前景和趋向。

不得不承认，人们都向往权力、金钱、声望等，但是，它们却不会无缘无故地跑向你。要想拥有这些东西，首先就要拥有一些美好的品质——正直、自尊、慷慨，有了这些品质，一个人的潜能才可以成倍地施展出来。因为品格魅力比一个位置本身赋予的权力更持久、更有效、更能征服人心。因此，要想成为一名领导人，提升自己的领导能力，我们应努力强化自身的品格修养。

1860年，林肯作为美国共和党的候选人参加总统竞选。他孤身一人四处演说，每次都是自己买票乘车。

林肯的对手是民主党人、大富翁道格拉斯。道格拉斯租有专用竞选列车，带领乐队同行，车上还配有大炮，每到一站，鸣炮32响。他财大气粗，演讲时不时炫耀自己的显赫身世和雄厚的资本。林肯在演说时，有人也请他介绍家里的情况。林肯说："我有一位妻子、3个儿子，都是无价之宝。此外还租有一间办公室，室内有桌子一张、椅子3把，墙角有大书柜一个，柜子里的书都值得大家一读。我实在没有什么可以依靠的，唯一可以依靠的就是你们。"

林肯发自内心的演讲，以他正直、谦虚、朴素、自律这些纯正的品格赢得了千百万美国人的心，终于当选为总统，成为美国历史上最伟大的总统。

历史上，像这样的事例还有很多，它们无不向我们证明，一个人必须注意自身修养、提高自己的品格，以身作则，先正自身才能去影响他人，进而率领别人开拓进取。

如果一个人品格恶劣，即使他有再高的才华，也得不到别人的欣赏和重用。相反，如果自身资历不够，却是一个品性正直的人，人们也会跟随他，给他提供发展机会。

我们知道"稻穗越是成熟，头越低垂"，同样的道理，人越伟大，就越谦恭恳切。只有那些没有多大本事的人才会摆架子、自高自大。任何一个人，只有谦虚谨慎，才能保持不断进取的精神，才能增长更多的知识和才干。因为谦虚谨慎的品格能够帮助你看到自己的差距，永不自满、不断前进，可以使你冷静地倾听他人的意见和批评，谨慎从事，并且最终赢得别人的认可和尊重。

可见，一个伟大的领导者不是他的职位本身成就的，而是其自身伟大的品质造就的，只有拥有了伟大的品质才能造就伟大的领导者。

3.以身作则，行胜于言

即使你是一个领导者，也要以身作则。

北宋诗人林逋在《省心录》中说："律己足以服人，量宽足以得人，身先足以率人。"他说的这几点都属于"表率"作用，从这些作用中可以反映出一个人的素质及德性。正所谓"善禁者，先禁身而后人；不善禁者，先禁人而后身"。一个管不住自己性格和欲望的人，怎么可能领导别人？正所谓："不能胜寸心，安能胜苍穹？"

"以身作则"的重要性，古人无疑早就意识到了，这从孔子到中国历代教育家、领导者，人人都十分重视"修身"就可以看出来。所以，孔子说了很多关于自律（以身作则）的话，他说："其身正，不令而行；其身不正，虽令不从。""正人先正己，正己先正身；正身先正心，己正人才服。己不正，焉能正人？"又说"己所不欲，勿施于人"。这些都在告诉人们，管住自己，才有资格和力量说服和驭使别人。相反，一个不能自律的人、不能以身作则的人，就无法让人信服，无法获得别人的尊重。

这是因为振臂一呼、应者云集的领导能力绝不是一个职位就能赋予的，没有追随者的领导者剩下的只是职权威慑的空壳，也就是说，是追随者成就了领导者。一个领导者如果不能以身作则，不去认真履行自己的责任，就无法要求别人做到自律，不自律的人发出的命令，别人也不会真心实意地遵从。一个国家的君主、一个部队的统帅，如果能够做到严于律己，那么他的臣民或者士兵们必然也会严格要求自己，每个人就都会尽到自己的责任和义务。而如果君王统帅自我要求十分薄弱，那么他们的手下也会格外地放纵。岳飞极为自律，所以他训练出的岳家军纵横沙场、无人能挡。而明世宗崇尚方术不理朝政，最终被奸人迷惑，明朝也逐渐衰败。

因此，领导者必须以身作则，养成良好的工作习惯和道德修养。以身作则，是成功领导者优秀品质的表现，任何一个领导者都要树立自己的形象和人格魅力，让人们追随、产生敬畏。只有正人之前先正己，才能上行下效，使大家心甘情愿地听从你的指挥；只有以身作则，处处做出表率，才有资格去要求别人，才能成为别人的楷模。想要别人做得好，首先要自己做得好。要求别人做到的，首先自己就要做到。

士光敏夫曾任东芝电器的社长，而且还担任过日本联会会长的职位，他是一位受人尊敬的企业家。

1965年，士光敏夫担任了东芝电器社长一职，当时，企业内部存在很多问题。因为企业过大、层次过多、管理不善，虽然很多员工都是专业人才，但工作却不积极，公司的业绩一直上不去。

为了彻底改变这种状态，士光敏夫提出"一般员工要比以前多用3倍的力，董事则要多用10倍的力，我本人则有过之而无不及"的口号。他坚信一个道理：以身作则最有说服力。

为了激发员工的工作热情，士光敏夫每天上班都早到半个小时，而且在上午的7点半到8点半的时间里会见员工，让员工对公司发展提出意见，这样一来，员工们也不迟到了，并且对工作也更关注了。

由于之前的管理不善，很多员工养成了铺张浪费的习惯，致使公司资金大量流失，为了杜绝此类事情发生，借着一次参观的机会，士光敏夫给东芝的董事们上了一课。

一天，一位董事想参观一艘名叫"出光丸"的巨型油轮，由于士光敏夫已经看过，所以事先说好由他带路。正好去观光的那一天是星期天，和这位董事约好在"樱木町"的车站门口会合。那天，士光敏夫准时到达约定地点，等了好长时间，那位董事才坐着公司的车缓缓而来。

这个董事到达后，对士光敏夫说："社长先生，抱歉让您久等了，我们现在就出发吧。"这位董事说着环顾四周，没有看到士光敏夫的车，便问道："社长先生，我怎么没看到您的座驾？要不您与我坐同一辆车吧。"士光敏夫面无表情地说："我并没有乘公司的轿车，我是搭电车来的，而且我认为这个速度并不比你的轿车慢。"这位董事当时就愣住了，羞愧得无地自容，而这件事很快在公司传开了，于是，上上下下立刻心生警惕，不敢再随意浪费公司的财产。

由于士光敏夫以身作则的努力，东芝的情况逐渐好转。

要做到以身作则，必须做到以下几个方面：

（1）具有自我管理素质。善于自我管理的领导者能够独立思考、工作，无须严密的监督。

（2）忠于一个目标。大多数人都喜欢与将感情和身心都奉献给工作的人共事。除了关心自身，领导者应忠于某样东西，如一项事业、一个组织、一个工作团队或一个想法，甚至是一个国家。

（3）培养自己的竞争力，竭尽全力以达到最好的效果。

（4）有魄力、讲诚信、独立自主、有判断力。可以信任他们的知识和判断力。他们较高的伦理道德标准，值得信赖并且值得学习。

另外，平时应该注意自己的行为规范，以下10条可供参考：

（1）身先士卒。领导者要在各个方面树立榜样，从工作到举止，这一点是最基本的，也是最重要的。

（2）尊重所有的下属，不管其性别、民族、宗教信仰，还是个性如何。

（3）尊重下属的隐私。你也许不得不在一位下属不在时翻他的办公桌，找一份你所急需的文件，你当然有权这样做，但是这不等于你有权翻阅他的私人信件。

（4）经常称赞、表扬下属。受到鼓励时，人们会把工作做得更好、更有效。作为领导者，你的工作就是协调人际关系、鼓励他人、激发人的积极性，以达到管理的预定目标。

（5）注意批评要公正。公正的批评容易让人体面地接受。

（6）尊重他人的自主权。组织一个好的团队，然后放手让他们自己行事。不要把下属当小孩，监视他们的一举一动，那样会造成一种敌对的、紧张的工作气氛。

（7）让下属有机会接触你。如果可能，每天将你办公室的大门敞开一会儿，虚心对待各种意见，甚至是批评你管理方式的意见。

（8）用下属喜欢的方式称呼他们。如果你的女秘书比你年长，即使不比你年长，也要使用合适的称呼。

（9）从小处着眼，礼让他人。管理者是有权者，因此，你应该在小事上表现出谦让，让下属感到自在些。当一个下属进入你的办公室要和你谈话时，让他坐下。当下属和你长谈之后要离开你的办公室时，起身道别。当一位下属度假或外出一段时间返回公司时，要与其握手，亲切地表示欢迎。

（10）不要把下属当作你的仆人。下属是来工作的，不是来唯命是从的。你应该自己去拿咖啡、自己结算自己的收入、自己为度假去购物。

4. 律己才能服人

"其身正，不令而行；其身不正，虽令不从。"正人先正己，这是亘古不变的道理。

现在很多的管理者总是一味地去要求员工，却放纵自己。事实上，一个没有能力管好自己的人，是绝对没有能力管好别人的。如果一个领导者做不到律己，就会使员工逐渐失去对他的信任。

井植薰常说："不能塑造优秀的自己，怎么谈得上塑造优秀的人才？优秀的领导人才能塑造出优秀的人，再由优秀的人去制造优秀的商品、更优秀的自己和更优秀的他人，这就是三洋的特色。"

井植薫的这种极度体现自律精神的经营哲学，感染了三洋公司的全体员工。他是这么说的，更是这么做的。1969年，他接任三洋的董事长、总经理职位后，从来不为自己格外制定什么标准，要求别人做到的，他自己首先做到。对于公司的规章制度，他也是极力遵守，从不纵容自己越轨。例如，当时三洋公司推出的力戒"去向不明"政策，井植薫就带头遵守。当时还没有手机等先进的通信设备，一旦有什么紧急的事情要找什么人员，而他不在公司也不在家，没人知道他的去向时，往往会误大事。所以，针对这一情况，井植薫要求所有的人员外出，必须让公司知道。井植薫每次外出，必定让公司的其中一个人知道他的去处，即使是私事也不例外。如此一来，这项制度就在当时的三洋公司推行开来，全体员工没有任何怨言。井植薫要求员工尽力为公司考虑，他认为，如果一个职工下班后一步跨出公司就只过自己喜欢的生活，那他一辈子也不可能被提升到重要的职位上。员工应该站在更高的层次上来要求自己、完善自己。在这一点上，井植薫也是这样要求自己的。对于他来说，每天除了睡觉之外，其余时间都在考虑公司的事情。

井植薫在教导员工"如何做"时，总是要求自己能率先做到，正像他在一次谈话中所说的那样："领导者如果以为公司的规则只是为普通员工制定的话，那就大错特错了。它应该是公司全部的人都必须遵守的规矩，包括部门经理、总经理、公司总裁、董事长等高层领导人。如果因为自己是高层领导，下面的事有人代替去做，就以为迟到几十分钟无关紧要，那是绝对行不通的。大家都听过'上行下效'吧？前面有榜样，后面就有跟随者。这样模仿，长此以往便会造成公司上下的懒散作风，这足以让一个前景大好的公司面临失败的深渊。"

有一次，一位记者问他："您现在年事已高，还以身作则，会不会太累？"井植薰回答道："再累也得坚持啊！不以身作则，对部属就不可能有号召力和感染力。我作为三洋的董事长、总经理，在国内有7万双眼睛盯着我，大家都在注视我的行为，我必须谨言慎行，不能有半点儿失误。"

正是井植薰这种以身作则、身先士卒的表率精神，让三洋公司的员工都不满足只做好本职工作，从而使每一个提升的人都成为大家的榜样；榜样又严于自律，努力影响着别的员工，使大家都成为"优秀的人"；"优秀的"三洋人又生产出"优秀的"三洋产品，这样，三洋企业才得以取得辉煌的成就。

史蒂夫·鲍尔默是微软公司首席执行官。在这个卓越的企业中，如果说比尔·盖茨是战略家，那么鲍尔默就是行动家，而且这个行动家的执行力是无与伦比的。而这无与伦比的执行力，就是靠他的自律来维持的。鲍尔默在工作上异常严厉，但他并不是那种只会严格要求别人的领导者，他深谙律人必先律己的道理。他要求别人努力工作，也是先从自己做起，他本身就是个典型的工作狂。

同时，他还认为，如果一个经理人经常说空话，每次说出来的都只是一些理论，就不可能得到员工的尊重。要求员工做到的，自己就必须先做到。所以，在微软里没有高高在上这类的管理层级，也没有具体什么事都不做，只分派员工去做的纯管理经理。

勤奋，一直是鲍尔默实践管理的原则。他要求微软的经理人对公司的事务要了如指掌。所以，他孜孜不倦地关心着微软的每件事情、工作的每个环节，成为了员工的榜样。

史蒂夫·鲍尔默提倡家庭式的管理，他要求所有的上司都关心员工，让员工感觉到微软是一个大家庭。他从不忽视自己的责任，在生活上很关心员工，他经常提醒员工不能因为工作而透支自己的健康，又亲自下令人力资源部门和各级主管制定切实可行的康乐保健措施，保护员工的健康。他认识每一个微软的员工，能专注地倾听他们的意见，让每个人都觉得自己很重要，让微软形成了一种亲密无间的家庭氛围。全体中层领导者在他的带动下都非常关注员工的生活，比如员工家里有事情，像交电费、水费、交通罚款单等，没有时间的话，可以让公司代交；员工有一些困难，需要公司帮忙时，公司会马上帮助解决。

任何一家企业想要成功，都必须有一个像史蒂夫·鲍尔默这样严于自律的领导者，他们就是自己最严格的监督者，无论什么要求，都先从自己做起。这种自律，最能让员工受到感染，最能帮助领导者建立威信，这也正是三洋公司的总裁井植薰"欲律人，必先律己"的精髓所在。

由山羊领导的狮子是永远也打不过由狮子领导的羊群的。作为企业的领导者，不能只满足于分派任务，一定要身体力行、严于自律，才能带领公司突破困境，实现公司的目标。所以，领导者一定要领悟律人必先律己的道理。

第 5 章

自爱的人，才能真正做到自律

自爱就是面对自己，与自己进行沟通。人们通过倾听自己、感受自己、追踪自己，放弃对自己的控制，从而表达自己、表现自己，有助于自己更好地了解自己、更多地认识自己。而且，只有自爱的人才能真正做到自律。

1. 自爱 = 自我拯救

善待自己的人，最懂得如何珍惜自己的生命，只有懂得如何保护自己，才能被人保护。

要做到自爱，就要摒弃"人的自我形象要么是积极的，要么是消极的"这个观点。实际上，你具有许多自我形象，而且它们经常在不断变化。如果要你回答："你喜欢自己吗？"你可能倾向于将所有消极的自我形象汇集起来说"不"。可是，如果你能具体分析自我嫌恶的表象的实质，你就可以明确努力的方向。

当然，自爱并非自恋，自爱的人懂得"将心比心"的厚重，自恋的人只想一味索取而不肯给予。自爱的人懂得生命来之不易，为使自己在有限的生命里获得无限的充实，他们会挖掘自身的潜能，并为实现自己的目标竭尽全力；自爱的人像爱护自己的生命一样爱护自己的名誉和尊严，他们不会为眼下的利益卑躬屈膝，更不屑于为实现自己的成功而对他人狂妄自大、蛮横无理；自爱的人在精神上是独立的，他们无须掠夺他人，更不会出卖自己。

要知道，在这个世界上，"我"是独一无二的个体。"我"有自己的幻想、希望、美梦以及恐惧。"我"是自己的主人，因为"我"是自己的主宰，所以"我"能深刻了解自己。由于"我"认识自己，所以"我"能喜欢自己，接纳自己的一切，进而将自己最好的一面呈现出来。

若没有"我"，"我"的自我将变成一纸空文；若没有"我"，"我"的生命将戛然而止；若没有"我"，"我"的世界将不再存在。尽管在整个宇宙中，"我"不过是沧海一粟，但对于"我"自己，"我"是"我"的全部。为此"我"应该首先珍爱自己，"我"必须善待自己，才对得起造物主的恩赐。

"自爱"对每一个正常人来说是很健康的表现。为了从事工作或达到某种目标，适度关心自己是绝对必要的。因此，要想活得健康、成熟，"喜欢你自己，爱你自己"是必要条件之一。

每个人都具有一定的作用，可以在生活中表现出来。这种作用必须依照自己的个性表现出来，而不是模仿他人。明白了这点，才会对自己产生信心。

一个人爱自己的方式很多，你可以选择从喜欢自己的身体开始。也许你的某些身体特征确实令自己无法喜欢，你不停地羡慕别人，但所有的一切都取决于你对自己的看法，别人的看法只是你用来评价自己的一个参照。最终是肯定自己还是否定自己还是取决于你自己，而只有得到自己的认同和理解，你才能感到自己是成功的。否则即使从表象上看来你取得再大的成功，对于你自己来说也是失败的。

生命本身赐予我们巨大的力量，鼓励我们去从事伟大的事业，而这种力量潜伏在我们的脑海里，使每个人都具有雄韬伟略，能够精神不灭、万古流芳。如果你不能尽到对自己人生的职责，在最有力量、最可能成功的时候不把自己的能量释放出来，那么对这个世界来说也是一种损失。记住，这个世界远远没有发展到尽头，有许多的奇迹正期待着人们去完成。

对于自我形象，你也可以作出同样的选择。如在智力方面，你可以按照自己制定的标准来判断自己是否聪明。事实上，你越让自己保持愉快，你也就越聪明。如果你在数学、英语或者写作方面水平较差，这并不说明你智力很差，只不过是你到目前为止选择的一种结果，如果你多花些时间加以训练，一定可以大大提高自己的水平，因此，这与你聪明与否并无直接联系。

有些人可能会认为，自爱行为是一种无异于极端利己主义的令人反感的行为，这实在是一种极大的误解，自爱与那种到处夸耀自己多么了不起的行为毫无共同之处。后者并不是一种自爱行为，而是企图靠自吹自擂来赢得他人的注意和赞许，它与自我轻蔑行为一样，都是病态行为。自负行为的目的在于赢得他人的赞许，采取这些做法的人，是根据别人对他们的看法来评价自己的。如若不然，他们便没有必要靠自吹自擂来说服别人。自爱则意味着你爱你自己，它并不要求别人爱你，因而也没有必要说服别人。只要你接受自己便足够了，自爱与别人对你的看法如何毫不相干。

相信你自己的思想，相信你内心深处所确定的东西众人也会承认。无论身居祸福，均应自我主宰。蕴藏于人身上的潜力是无穷的，你能胜任什么事情，别人无从知晓，若不动手尝试，你对自己的力量将永无所知。

活着就必须付出代价。活着就是一种责任，最重要的是要有爱，爱自己、爱他人，这才是生命的意义。学会爱自己的第一步，是不再用别人的标准来评判自己，是建立起自己的一套价值标准，然后把它作为生活的依据，最终通过自律来实现。

其实，心灵的力量是很容易培养的，因为人的心灵是很单纯的，唯一的要求是要相信你自己、肯定你自己，相信你自己是个好人，勤奋、努力、认真、节俭，肯定自己的大方、仁慈、善良……但是，要人相信自己的最大困难，就是人永远喜欢拿自己与别人比较：我不够好，因为别人比我更好；我不够仁慈，因为有人比我更仁慈；我不够漂亮，因为……为此，我们可以通过以下做法帮助自己喜欢自己。

第一，跳出"与别人比较"的模式，而成为与"自己比较"的独立的自我。做到这点很不容易，因为我们从小到大所受的教育与社会影响多半是与别人比较，我们已经养成了习惯，但习惯是可以改变的，凡事开头难，最好找一个好朋友一起做，彼此鼓励、彼此切磋与支持。

第二，写下你所有的优点。有的人在写自己的优点时觉得很困难，但要他们写缺点时却又快又好，所以请你花一点儿时间想想自己的优点，若想不出来，就问朋友或家人，有时候反而是别人知道我们的优点比我们自己知道得多。

第三，每天记下自己所做的事，在好事、好的表现，如"努力""认真""勤劳"等上面打一个记号，在需要改进的事及欠缺的方面，如"骄傲""懒惰"等上面打一个记号，在晚上做一个总记录，做完记录之后，好好地欣赏与肯定自己所做的好事，对需要改进的事则告诉自己说：今天我有些自私，明天我会改进，做得更好些。要谢谢今天所发生的一切人、事、物，感谢它们使你获得学习、改进和成长的机会。

第四，学会多欣赏别人的优点，包容别人的缺点。金无足赤，人无完人，不要以完美来要求别人、折磨自己，谁都有自己可取的一面和不足的一面，要做到宽人律己，多看别人的优点，包容别人的缺点。

当你真正学会自我珍爱，你就会因为自己充实而获得内心的平静，从而走入"不以物喜，不以己悲"的自由与和谐的境界。

2. 自爱，就要对诱惑说"不"

诱惑无极限，它能让人疯狂。想培养自己的自制力，就要时时刻刻都能经得住诱惑。

以下是一篇关于柳下惠坐怀不乱的故事。

柳下惠，姓展，名获，字子禽，曾官拜鲁国士师，相当于现在的监狱长。据说，他居官清正，执法严谨，因不合时宜，遂弃官归隐，居于柳下（今山东平阳县孝直镇）。

某日，他远行夜宿都门外。时大寒，忽有女子来托宿，惠恐其冻死，乃坐之于怀，以衣覆之，至晓不为乱。

不过，还有另一个说法，说柳下惠外出访友，途遇大雨，直奔路边古庙暂避，但一进门，见一裸体女子正在里面拧湿衣服，柳下惠急忙退出，坐于古槐之下，任暴雨浇注。此段"佳话"即柳下惠坐怀（槐）不乱。

不管是哪一种说法，这个故事本身就是在告诫人要自爱、自尊自重，经得住诱惑。人若能管住自己，让自己远离诱惑，这就是最大的自律。

在我们的日常生活中，诱惑可以说无处不在，每个诱惑都是带着耀眼的光芒，让人朝着那片光亮奋不顾身。诱惑有时候像毒草一样能够侵占人的心，遮住人的眼睛，让人迷失方向。所谓的诱惑是那些能改变人的心智，并最终把人带上颓废之路的东西。譬如，钱就是一个诱惑，在这个诱惑面前行动不同，结果也会不一样。比如一个人喜欢钱，钱也在诱惑他，但是他想的是通过努力和正确的途径去得到它。而有的人却选择了所谓的捷径，比如偷盗、贪污、招摇撞骗等。这些人在诱惑面前没有自制力，经不住诱惑走了偏路，结果可想而知。

当我们面对诱惑时，最强有力的支持来自于自己的心灵深处，强而有力的自律能力是我们抵抗诱惑的力量源泉。但如果一个人自制力不强，在面对诱惑时没能作出正确的选择，那么，诱惑立刻就会变成青面獠牙的魔鬼，把你打入失败的地狱。可以说，自制力是我们成功的必要条件。只有经得住诱惑，自律自爱，才会朝着一个既定的目标勇往直前。在确定目标后，最好每天记录下为达到目标所做的事情，一旦发现所做的跟目标没有任何关系时一定及时纠正。

小城中最大的一家外商独资企业招聘一名技术人员的消息不胫而走：月工资8000元，工资奖金除外，每年还可以到大洋彼岸旅游一次。应聘者蜂拥而至。

阳光炽热，树上的叶子蔫头耷脑，高工坐在闷罐似的考场里，蒸腾的暑气加上烦躁的心情使他热汗淋漓。面对考题他并不怕，外文、专业技术类考题都答得十分圆满，唯有第二张考卷的两道怪题令他头疼："您所在的企业或曾任职过的企业经营成功的诀窍是什么？技术秘密是什么？"

这类题对于曾在企业从事过技术工作的应考者并不难，可高工手中的笔却始终高悬着，捏来攥去，迟迟落不下去，多年的职业道德在约束着他：厂里的数百名职工还在惨淡经营，我怎能为了自己的饭碗而砸了大家的饭碗呢？他心中似翻江倒海，毅然挥笔在考卷上写下4个大字："无可奉告。"高工拖着沉重的步子向家里移动着，进门后，妻子一再追问，他才道出了答题的苦衷，全家人默默无语。

正当高工连日奔波、另谋职业之际，石破天惊，外商独资企业发来了录用通知。高工技压群雄，白卷夺冠，这成为小城一大新闻。

可见，只有强而有力的自制力才能保障我们不迷失自我，护送我们到达成功的彼岸。自制力强的人能理智地控制自己的欲望，以独有的方式去满足那些社会要求和个人身心发展所必需的欲望，对不正当的欲望坚决予以抛弃。

某报告文学中曾有过这样一段描述：

杨乐到了北大数学系后，学习更努力了，他和张广厚每天学习演算12小时，他们没有过过星期天，没有过过节假日。"香山的红叶红了"，让它红吧，我们要演算题。"中山公园的菊花展览漂亮极了"，让它漂亮吧，我们要学习。"十三陵发现了地下宫殿"，真不错，可是得占用半天时间，割爱吧。"给你一张国际足球比赛的入场券"，真是机会难得，怎么办？牺牲了吧，还是看我们案头上的数学竞赛题吧！

杨乐与张广厚在强烈的学好数学的事业心的召唤下，一次次克制了游玩的冲动，这为他们在数学领域中获得重大的成就创造了条件，这正好印证了萧伯纳的一句话，他说："自我控制是强者的本能。"如果你想成为学习上或者生活上的强者，那么你就得学会自我控制，坚决抵制各种不良诱惑。

当今社会，物质条件优越，身边充满了各种各样吸引我们的东西：电视、电影、游戏机、各种动画玩具，特别是网络都充满了诱惑，如果我们不能正确地对待学习和玩耍的关系，必然会严重影响学习，甚至会犯下更为严重的错误。

人之所以会抵制不住诱惑，主要是对诱惑盲目无知或认识不足。诱惑的出现总是带着神奇色彩，人们常常看到其有利的一面而不知其有害的一面，结果因为好奇而不知不觉受到诱惑。

然而，不管怎样的诱惑，总是可以抵制和预防的。

首先应当提高自己的识别能力，增强自己的"免疫力"，在诱惑面前要能把握事物的优劣主次，分清哪些是自己通过努力能够达到的、哪些又是自己即使努力也不会达到的。特别是当有诱惑力的事物遭人反对时，更应该多听听、多看看，冷静地思考一番再决定取舍。在诱惑面前，人的意志力相对薄弱，容易作出错误的判断。所以多听听别人的意见，对冷静自己的头脑非常有益。

同时要加强自己的意志锻炼。许多人抵制不住诱惑的一个重要原因就是缺乏自控能力。怎样增强自己的意志力呢？

被诱惑所侵袭往往是由于自己某些不健康的心理在作怪。如果一个人能有高尚的志趣，怎么会被诱惑侵袭呢？最好的办法就是多看一些健康书籍，从思想上武装自己。

要想成为思想高尚的人，首先要有明确的目标，知道究竟是为了什么在奋斗。目标明确就不会轻易受到各种干扰而迷失自己。

当今社会是一个纷杂的社会，三教九流无所不有，各种低级趣味的存在消磨了很多人的斗志。赌博、毒品、色情等如同鬼魅的眼睛在盯着那些意识薄弱、精神空虚又没有高尚情怀的人，一旦不小心涉足了便很难脱身。

因此，所有涉及这些低级趣味的地方一概不要进入。这些诱惑都是毒药，只能让人沉沦。一个具有正确人生观、崇高思想和丰富精神生活的人，才能有效地抵制各种不良诱惑。

抵制诱惑，还可以断绝对自己不利的坏朋友，我们应该经常看一些警钟长鸣性的电视和新闻，让自己时刻保持警惕。诱惑都是悄然而至，没有带着标志前来，所以一定要培养自己的判断力和自制力。

自制力是一种克制或节制，自我约束是一种美德，是文明战胜野蛮、理智战胜情感、智慧战胜愚昧的表现。如果我们没有自我控制的能力，就会缺乏忍耐精神，既不能管理自己，也不能驾驭别人。

当然，我们面对的诱惑有强有弱，有的对于我们来说本来就不算是诱惑。当你走进网吧时，努力使自己退出来，你的自制力便增强了一分；当同学让你一起打球而你另有安排时，果断地拒绝，你的自制力又增强了一分；你喜欢看电视，那么你就努力坚持让自己一个月不看电视，这样你的自制力就又增强了一分。久而久之，虽然会有痛苦、反复，但你的自制力已在不知不觉中养成了。

3. 自我约束 = 自我提升

在种种诱惑面前，人要有足够的约束能力。当你能很好地控制、约束自己的时候，你就进步了，也将拥有成功的人生。

如果说我们在生活和工作中日积月累所养成的习惯、惰性和放任之所以没有成为我们自身的主宰，反而被我们所制伏，正是因为我们运用了自我约束的意志力，这种意志力又被称为"自制力"。换句话说，具备这种能够抵制、克服各种诱惑的能力，正是我们自身所具有坚强意志的最佳体现。

确实，自制可以使我们在做任何事情时都能保持正确的方向、良好的动机，并且运行于理想的轨道上。倘若将自制力发挥于运动竞技场上，它仍旧是争取胜利的关键。如果你对足球稍有研究，你应该知道德国足球队在世界赛场上屡创佳绩，并以顽强的风格闻名于世。众所周知，无论处于多么恶劣的境况下，德国足球队都会拼搏到最后一分钟。

德国足球的成功固然与球队训练有素有着密切的关系，但最重要的一点是因为球员们都拥有良好的自制力。在贯彻教练意图、完成自己所担负的任务方面，他们没有一丝一毫的放任，总是忠于自己的职责。曾经有人说过德国队不懂足球艺术，表现死板、不够灵活，但事实胜于雄辩。作为职业球员，他们表现出了神奇的自制力，并且用成绩证明自己是优秀的。

文思·隆巴第是美国橄榄球史上一位了不起的教练，在他精心的调教下，美国绿湾橄榄球队取得了令人难以置信的惊人成绩。

文思·隆巴第告诉他的球员："我只要求一件事，那就是一定要取得比赛的胜利。如果不把目标定在非赢不可上，那比赛就没有丝毫的意义。你们要跟我一起工作，除了照顾好你们自己、你们的家庭和球队之外，你们必须克制自己，摒弃及抗拒其他的一切诱惑。"

不仅如此，他还告诫球员，除了控制好自己，比赛时还要不顾一切地去得分，不必理会任何人的阻拦。无论面前是一辆战车还是一堵墙，无论对方有多勇猛，你都不能止步不前，也不能让这些阻挡你得分。

正是这种高度的自制力，才使绿湾橄榄球队的队员拥有了人人啧啧称奇的顽强战斗力。在比赛中，队员们克制了一切私心杂念，在他们的眼中只有胜利。为了夺取胜利，他们暂时抛下一切，专心一致奋勇向前。每个人都希望自己在别人眼中看来是优秀的。如果优秀是我们的目标，那么我们便不能随心所欲、感情用事，必须对自己的言行有所克制，这样才能减少自己犯错的概率，不致铸成大错。

高尔基曾经说过："哪怕是对自己的一点儿小的克制，也会使人变得强而有力。"

要主宰自己并主宰自己的命运，必须对自己有所约束、有所克制。如果缺乏自制力，就像是汽车缺少了方向盘和刹车，很难避免犯规、闯祸，甚至会发生撞车、翻车等意外。想要避免意外的发生，最基本的做法当然就是培养自制力。

是的，人要学会控制自己，不要放任自己，更不该使自己迷失于懒惰和贪玩之中。自我约束就等同于自我提升，任何一个人自从成年起，都到了为自己作决定、为自己负责的年龄。如果你还学不会控制自己，将来有一天，只怕你将会置身于自掘的坟墓中哀叹，你将无力推开堵住坟墓出口的岩石。现在，你必须果断起来，好好学习，确定自己人生道路的方向。这样，你才能让生活安定，不再像秋风中的落叶一样飘忽不定，过着漂泊的日子。

大部分年轻人喜欢随心所欲，凭一时的兴趣行事。然而，我们能享受到的生活乐趣和所拥有的功成名就都源于凭借自身自制所做出的调整与转变。如果你能够趁着年轻力壮、精力充沛的时候学会自制，并让自制伴随参与你的整个人生，幸福、愉快和欣慰将能够持续下去。

4. 尽职尽责，是自律的保障

做一个有责任、有担当的人，你才有魅力去征服别人。有高度的责任感，是成大事的必备条件。

生活失败的人都有一个共性，那就是他们没有足够的自律去履行自己最基本的职责，所以一事无成。明确自己的职责所在，不因诱惑而放纵自己、改变自己操守原则的人，便是一个能够自律的人，也是可以依赖的人。

社会是现实的，社会也是残酷的。追求飞黄腾达的人不计其数，但不见得大家都能如愿。人人都渴望成功，但并非人人都能取得成功。有人会把成功与否的差别归咎于际遇，但事实真的是这样吗？倘若从过往的历史来分析，我们不难发现，真正有心要追求成功的人必然会用尽全力去做好属于自己的每一件事情，这就是一种责任感的体现。这样的人不会在第一次取得成功之后开始失去自律能力，陷入享乐主义的泥潭中，因为他们始终知道：自己身上背负着责任，需要自己去完成。

所以，要想成功，就必须首先尽到自己的职责，这需要我们有足够的自律去维持自己的责任感。一个拥有责任感并且有足够的自律去履行自己责任的人，才会受到他人的尊重。

责任感不是虚幻的东西，更不是嘴里喊叫着必胜的口号，也不仅仅是脸上洋溢着热情的微笑，更重要的是展现在执行力上。如果只是嘴上功夫，那么这种人是不值得信任的。有些人什么也没说，却在工作中尽职尽责，不管做什么都一丝不苟，这就是责任感，也正是这种责任感，才将出色和平庸区分开来。

曾经，有个士兵骑马给拿破仑送信。途中，他的腿部受了伤，且道路的前方还有敌人设的重重关卡，但他分秒都没有休息，三天三夜滴水未沾，快马加鞭地飞奔到拿破仑的面前。当他完成这一使命的时候，一下子晕倒在地上，而他所骑的那匹马也因为疲劳过度一命呜呼了。

他醒来后，将信交给了拿破仑，拿破仑又起草了一封信让他转送，并吩咐他骑上自己的马，迅速将信送到。士兵看到那匹装饰得无比华丽的骏马后拒绝了，他说："将军，我只是个士兵，不配骑这匹华丽的骏马。"

拿破仑说："世上没有一样东西是勇敢而负责的法兰西士兵不配享有的。从此，这匹骏马将永远属于你。"拿破仑将自己心爱的坐骑赠予了这名士兵。在众人尊敬的目光下，士兵骑上骏马出发了。

只要活得有尊严，勇敢地承担起责任，做个有担当的人，就能让个人魅力征服所有人。就像给拿破仑送信的那个普通士兵，在场的所有人几乎都不知道他的名字，但却都被他那种富有责任感的激情感动了，被他的气场征服了，而他也成功地"抢走"了拿破仑的坐骑。

或许现在的你不过是一名普通的员工,你觉得公司的事情应该让老板去操心,但是你想错了,每个人都有自己的责任,而这种责任的强弱与他们的职务和身份无关。如果你充满责任感,那你就会将集体的利益视为自己的利益,将集体的得失视为自己的得失,你关心集体的命运就像关心自己的命运一样。有句话说:"人在做,天在看。"你的行为总是会引起别人的重视,也会被周围人纳入眼中,你的责任感一定会给你带来好运。

其实,恪尽职守和虚度光阴只是你的一念之差而已。著名的国际投资大师约翰·坦普尔顿通过大量的观察研究,得出了一条非常重要的原理:多一盎司定律。约翰·坦普尔顿指出,取得很大成绩的人与取得中等成绩的人几乎做了差不多一样多的工作,他们所做出的努力差别很小——只是"多了一盎司而已"。

约翰·坦普尔顿也将这一定律用在了他在耶鲁大学的生活上。坦普尔顿决心使自己的作业达到99%的正确,结果是,他在大学三年级的时候就进入美国大学生联谊会,并且被评选为耶鲁分会的主席,成功地得到了罗兹奖的奖学金。同样,在商业领域之中,坦普尔顿把"多一盎司定律"进行了大量的引申,这也让他逐渐地认识到只多付出那么一点儿努力,就会让自己得到更好的结果。

责任感不仅是能力的体现,也能够影响并感染其他人,让他们和你一样富有激情和使命感。如果你渴望获得同事的支持、老板的赏识、员工的忠诚,那么你首先就要有一种责任感。

诚然，一个人的能力存在强弱之分，但是人人都可以让自己更有责任感，我们不该轻视它的力量，更不能让它销声匿迹。杰克·韦尔奇曾在一次采访中提到，看一个员工是否称职、是否热爱他的工作，只要看看他做事有没有责任感就够了。没有责任感的人，就像是浑浑噩噩地混日子，他们总是有借口推卸责任，对自己和工作都显得没有信心，同时还伴有抱怨和敷衍等消极的元素在其中；那些有责任感的人，永远都是一副积极的、热情的样子，即便是枯燥乏味的工作，他们也有本事让它们变得生动。

杰克·沃特曼退伍后，加入了职业棒球队。但因为他动作无力，被球队经理开除了。经理说："你总是慢吞吞的，一点儿都不像在球场上混了20年多年的。离开这里，不管你去哪儿、做什么，如果你提不起精神，你永远都不会有出路。"

这句话深深地印在了杰克的心里，那是他有生以来遭受的最大的打击。杰克牢记着这句话离开了，后来他加入了亚特兰大队，月薪只有25美元，薪水少，自然影响他做事的激情和动力，但他告诫自己一定要努力。在加入球队10天以后，一位老队员介绍他到得克萨斯队。在抵达球队的第二天，他的人生就发生了重大的转变，杰克发誓要做得克萨斯队最有责任感的队员。

结果他做到了。在接受记者采访的时候，杰克说："我一上场，身上就像带了电。我强力地击出高球，让对方的双手都麻木了。当时的气温高达华氏100度，我在球场上跑来跑去，很有可能中暑。但是，我的球技却出乎意料的好，而且由于我的责任感，队友们也都积极起来。"

第二天早晨，他成了当地报纸上的头条人物。报纸上说："那位新加入的球员简直就是一个霹雳球手,全队的其他人都受了他的影响,充满了活力,他们不但赢了,而且是本赛季最精彩的一场比赛。"

后来,有人问杰克:"你是如何做到这一点的?"杰克说:"因为我感觉到了自己的责任,除此之外,没有任何别的原因。"

在日常生活中,你是否有过这些经历:每天早上醒来时,想到要上班,心里就有些不快?磨磨蹭蹭地到了公司,却是无精打采,总不想动手干活?终于熬到了下班点,心里很高兴,就想着离开?和朋友谈笑娱乐的时候,总不忘了抱怨自己的工作多么枯燥和无聊?

如果真的是这样,那就不得不提醒你:你对自己从事的工作和事业没有丝毫的责任感,你是个没有奋斗目标的人。可能你会说:"要是让我去做一项大事业,我就会有责任感。"实则不然,这个世界上没有什么微不足道的小事,真正有责任感的人,不管做什么样的事都会倾注全部的热情。

5. 请珍爱自己弥足珍贵的信誉

诚信,是人的立足之本。良好的信誉能为你的人格加码,若丢了信誉,就等于将自己推入孤立的边缘。

"人言"为"信"。讲诚信是一个人的立足之本,无论为人处世,讲究诚信都是一个优秀的人应该具备的高贵品质，也是我们应该始终遵循的。只因为有了诚信可以依托，人与人之间才会存在友谊和进行交往，在事业上才有了信誉和商誉，才有了成功。

那些没有信用的人，就好比墙上的芦苇，终究站不住脚跟。而一个有信用的人，不论他处在什么环境下，因为他有"重信守约"的好名声，别人自然会格外相信他。这样，他在无形之中就为自己积累了一笔巨大的财富。因此，有了讲究诚信的声誉，就如同穿上漂亮整洁的新外衣能美化你的外表一样，会在无形中增加你的人格魅力，也能推进你的事业获得更大的发展。

古人说得好："说话重在信，办事重在实；为政重在廉，做人重在诚。"由此可见，在古人的眼里，诚信比一切智谋更有力量，甚至可以说诚信是智谋的基本条件。无论是什么原因，只要失去了诚信，就失去了人们对你最基本的信任，最后害的其实是你自己，这就是一种不自爱的体现。

有首诗曾写道："行经万里身犹健，历尽千难胆未寒，可有尘瑕须拂拭，敞开心扉给人看。"人可欺，心不可欺；心可欺，天不可欺；一事可欺，万事不可欺。因此古人说，做人要"仰不愧天，俯不愧人，内不愧心"。诚信，是一种品质、一种道德，也是安身立命的根基。

"生来一诺比黄金，哪肯风尘负此心？"诚信的人，往往是最值得别人信赖和依托的人，也是最有希望成就事业的人。如果一个人凭着自己良好的品行能让人在心里认可你、信任你，那么你就有了一项成功者的资本。

言不在多，有诚则灵。诚信也是所有企业和个人最大的无形资产。人们为什么愿意把钱存在银行？因为银行是以诚信为本的；人们买贵重的东西，为什么愿意去大型商场和名店？因为那里的商品最信得过；人们看病为什么愿意找名医、名院？因为觉得名医、名院最可信。在人际交往中，诚信的人朋友多，因为他们讲诚信，人们便信任他们，甚至依赖他们，相反，那些言而无信的人，要么没朋友，要么就是奸朋狗党，他们之间只有利益，而没有友谊。

"言多变则不信，令频改则难从。"言不可轻说，若随意而说，不如不说；言不可轻诺，若不应诺而行，不如不诺。山以高为奇，海以大为观；商以誉为贵，人以诚为美。诚信与失信常常是检验一个人品质的试金石，可以通过他讲不讲信用、说话算不算数，来看一个人可不可交、可不可信、可不可用。诚信的人不仅会有好人缘，还会有好前途，而不守信的人既遭人唾弃，也会一事无成。据说在美国，诚信就是荣誉，就是财富，就是前途，商人的一次失信如偷税漏税、贷款到期不还等，就等于给自己宣判了"死刑"，他们"不守信"的帽子就要戴到终生，以后也别想到银行借贷，别人也不会与他们再进行经济交往。有人曾说："在美国，没钱可以活下去，但没了诚信就活不下去了。"

秦末有个叫季布的人，一向说话算数，信誉非常高，许多人都同他建立起了深厚的友情。当时甚至流传着这样的谚语："得黄金百斤，不如得季布一诺。"后来，他得罪了汉高祖刘邦，被悬赏捉拿，结果他昔日的朋友不仅不被重金所惑，而且冒着灭九族的危险来保护他，终使他免遭祸殃。

失信的人，常常是那些品格低下、可悲的人，他们不尊重别人，也不尊重自己，只看眼前，不顾长远；只顾一点，而忘全局，最终被别人抛弃，被事业抛弃，也会被自己抛弃。

一个人要想赢得他人的信任，一定要下极大的决心，花费大量的时间，不断努力才能做到。

很多人能获得成功，靠的就是获得他人的信任，然而直到今天，仍然有许多商人对于获得他人的信任一事漫不经心、不以为然，不肯在这方面花些心血和精力。这种人肯定不会长久地发达，可能用不了多久就要失败。你应该随时随地地去增强你的信用。一个人要想增强自己的信用，并非心里想着就能实现，一定要有坚强的决心，以努力奋斗去实现。只有实际的行动才能实现他的志愿，也只有实际的行动才能使他有所成就。也就是说，要获得人们的信任，除了人格方面的基础外，还需要实际的行动。任何一个青年人在刚迈入社会做事时，绝对不会无缘无故立即得到别人的信任，他必须发挥出所有力量来，在财力上建立坚固的基础，在事业上获得发展并有所成就，然后，他优良的品行、美好的人格总会被别人所发现，总会使人对他产生完全的信任，他也必定能走上成功之路。社会交往中，人们最注意的不是成功者的生意是否兴隆、进财是否多，他们最注意的往往就是成功者是否还在不断进步、他的品格是否端正、他的习惯是否良好以及他创业成功的历史、他的奋斗过程。

要获得他人的信任，除了要有正直诚实、自尊自重、自律自爱的品格外，还要有敏捷、正确的做事习惯。即使是一个资本雄厚的人，如果做事优柔寡断、头脑不清，缺乏敏捷的手腕和果断的决策能力，那么他的信用仍然维持不住。

通过一个人的作为可以看出其做事能力，通过其言谈可以察知品德修养。世上"只有真理才能说服人,只有真话才能赢得人,只有真情才能打动人"。讲诚信,就是最好的自爱。所以,像珍爱生命一样珍惜你的声誉吧,只要你还活在这个世上,那么唯有诚信才能确保你的美德和荣誉不受玷污。维护自己的美德和荣誉不仅是你的职责,而且能为你带来好处。

第 6 章

幸与不幸，都由内心力量决定

一个人对自己、对生活没有想法，缺乏觉悟能力，他的内心就不会有力量。如果他不思进取，就极易被打倒，更不要谈什么自律了。我们常说"一个人最大的敌人不是别人，而是自己"，说的就是一个人的内心力量，这是一个人成长最根本的动力。甚至可以这样说，所有的计划和成就都是觉悟下的产物，这就要求你努力去培养自律精神，不断地提高觉悟能力。

1. 每个人都有一笔宝贵的财富

财富，不能仅仅拿物质的多少来衡量，重要的是要看一个人是否拥有足够的胆识、才智、健康、快乐……

生活中，有的人拥有令人羡慕的一切，却成天愁眉苦脸、牢骚满腹，好像自己是天底下最不幸的人；而有的人虽然几乎一无所有，却成天乐呵呵的，仿佛他们拥有令人艳羡的一切。所以说，幸与不幸，不是看你拥有多少,而是你内心的一种觉悟。它是一种感受,就像你感到幸福,你就是幸福的一样。

诚然,不是每个人生来就是百万富翁,生来就能才智过人,也不是每个人生来就有美好的家庭。可不论出身如何、资质如何,只有通过自身的奋斗去赢得成功、去赚取财富,才是真正的智慧,才是真正的成功。而我们自身就是一笔财富,我们自身的努力和智慧才是成功的支点,所以我们必须把握好自己,充满自信、自律自爱、自警自觉地去发挥自己的长处和优势,唯有这样我们才能更好地成就自己的事业。

一天,有一位叫胡里奥的人在河边散步,遇见了一位叫费列姆的年轻人。胡里奥见年轻人满面愁容、忧心忡忡,便关切地上前询问:"忧郁的年轻人,看你这么健康、这么年轻,为何如此闷闷不乐呢?究竟有什么事情使你如此呢?"

费列姆看着好心的胡里奥,无奈地叹着气说:"尊敬的先生,你看看我吧,我是一个名副其实的穷光蛋。我没有房子、没有钱,也没有工作,整天饥一顿饱一顿地度日。像我这样一无所有的人,甚至连一个遮风避雨的地方都没有。没有人瞧得起我,我怎么能不忧愁呢?怎么高兴得起来呢?"

胡里奥听完年轻人的话,开怀大笑起来。费列姆疑惑地看着胡里奥,问道:"我都这个样子了,你还笑,是笑我真的没有用吗?"

"傻孩子,"胡里奥笑道,"其实,你应该开怀大笑才对。"

"开怀大笑?为什么?"费列姆不解地问。

"因为照我看,你是个百万富翁呢!"

"你在取笑我吧？"费列姆看着自己身上的破衣烂衫说，"我身上可是连一个子儿也没有啊，你就别拿我这个穷光蛋开心了。"费列姆不高兴了，转身欲走。

"我怎会拿你寻开心呢？孩子，现在你能回答我几个问题吗？"

"什么问题？"费列姆有点儿好奇。

"很简单的几个问题。"

"只要不是拿我寻开心就行。"

"好的，"胡里奥说，"我问你，假如现在我出20万金币买走你的健康，你愿意吗？"

"不愿意。"费列姆摇摇头。

"好，我再问你，假如现在我出20万金币买走你的青春，让你从现在起变成一个小老头儿，你愿意不愿意？"

"当然不愿意！"费列姆干脆地回答道。

"好，我再问你，假如我现在出20万金币买走你英俊的相貌，让你从此变成一个丑八怪，你可愿意？"

"不愿意！当然不愿意！"费列姆的头摇得像个拨浪鼓。

"假如我再出20万金币买走你的智慧，让你从此浑浑噩噩度此一生，你可愿意？"

"傻瓜才愿意！"费列姆一扭头，又想走开。

"别慌，请回答完我最后一个问题，假如现在我再出20万金币，让你去杀人放火，让你从此失去良心，你可愿意？"

"天哪！干这种缺德事，魔鬼才愿意！"费列姆大惊失色地回答道。

"好了，刚才我已经开价100万金币了，却买不走你身上的任何东西，你说你不是百万富翁，又是什么呢？"胡里奥意味深长地微笑着说。

费列姆这才恍然大悟，他意识到自己并非一无所有，他有他自己，他自己的生命就是他的资本，他只是暂时缺少钱，除此之外什么都不缺。而有了自己身上的一切，钱是可以赚来的。他相信这一切都是暂时的，都是可以改变的。自此，他不再叹息、不再怨天尤人，他变得自信起来，开始了他的新生活。

由此可见，哪怕我们一无所有，只要我们还活着，我们就可以从头再来。要坚信可以凭借自身的实力来获得财富，改变自己的命运。

如果你能够成功地摆脱"对自身能力的怀疑"，如果你一个人在做事时充满了自主性，你就能凭自己的勇敢和自信赢得别人的信任和喜爱，那么不管遇到任何困难，你都一定能克服，并最终获取成功。

通往成功的道路永远是畅通的，重要的是你要坚信自己就是最大的资本。每一个渴望成功的人都应该认识到，自身就是一笔宝贵的财富，而成功的种子就握在他自己手中。

不要抱怨自己一无所有、技不如人、生不逢时，哪怕你孑然一身，你都可以从头再来，因为你自身就是一笔宝贵的财富，因为成功的种子就在自己手中。

我们思想的大小决定我们成就的大小，这其中最重要的就是要相信自己，克服人类最大的弱点——自贬。

一个人的自我观念就是他人格的核心，你自己认为是怎么样的人，你就真的会成为怎么样的人。

相信自己，你一定能行。你的最大资产就是自己，对你自己投资是你所能做到的最好的投资。你不比任何一个人差。要知道，你来到这个世上就是为了在你的人生中取得成功，对这一点，你不能有半点儿怀疑。

2. 打开心灵之锁，拒绝自我设限

要成事，就要勇于创新、挑战自己，从而战胜自己。而要做到这些，就不能给自我设限。

在人生的道路上，谁都有遇到苦难和挫折的时候，可你怎么能以此就否定自己呢？你怎么知道自己不行？怎么就知道自己不是干什么的料呢？这又是谁告诉你的呢？

是的，这一切都是你自己告诉你的。可如果你自己说你行的话你就行。为什么要自我设限呢？因此，一个人幸与不幸、行与不行，都是由内心觉悟所决定的。

人为什么要常常在自己生活的周围筑起界限？要么就生活在别人强加给他们的局限里，要么就生活在自己强加的局限里？很多人给自己套上限制，认为自己在一生中不会超过父母，认为自己反应迟钝，认为缺乏别人拥有的潜能和精力，那么无疑就实现不了一些目标。

生活中处处有墙有门、处处有锁，但为了安全而设的有形之锁并不可怕，最可怕的是心里的那把无形锁，它能锁住我们的智慧，将我们的想象力扼杀掉，从而形成心灵的桎梏。

有一位很有名气的逃脱大师被邀请到一个小镇去表演，演出非常成功，台下所有的观众都被他精彩的表演吸引住了。等演出全部结束以后，小镇的居民意犹未尽，于是给他出了一个节目，大师欣然答应。

小镇上的居民拿来了一个铁皮制成的大箱子，只有一扇门，里面锁了一把锁。箱子顶上有个洞，刚好够一个人进出。居民要大师从上面的洞钻进去，然后打开锁，从那个铁箱子里走出来。

大师先认真地观察了那把锁，那是把极其普通的锁，比他以往任何时候对付过的锁都要简单得多。他自信地笑了笑，钻进了箱子，准备开始他精彩的表演。

大师先用了一些他最常用的方法试图把那把锁打开，但未能奏效，接着他又试了另一种方法，但锁似乎有意跟他作对，依然纹丝不动。大师只好静下心来，换了一个又一个方法试着将那把锁打开。

过了好一会儿，箱子还是没有动静，大师的方法已经差不多用尽了，绝招也试过了，还是不行，急得他额头上都出汗了，手也开始发抖了："见鬼，怎么还是没打开！"大师一下子瘫倒在地上，无可奈何地望着那把锁。

他的脚在这个时候刚好碰到了铁箱子的门，"吱"的一声，那扇门竟然开了，一束亮光射了进来。原来，这扇门根本就没有上锁，这是小镇上的居民和他开的一个善意的玩笑。

在我们的现实生活中，很多人心里都有一把锁，而实际上，有的事情并没有我们想象得那么复杂，就如同那扇门，只要轻轻一推，门就会开。

门没有上锁，自然就无法开锁，大师的失败就在于他太专注这把具有象征意义的锁。究其原因，是思维定式和先入为主的观念害了他。他以为，只要是锁，就一定是锁上的，因此，他的目标在不知不觉中从"逃生"转换成了"开锁"，其实不是门上了锁，而是他的心上了锁。

其实，很多时候，锁都是自己安上去的，有时你明明知道那是把会困住自己的锁，可还是会选择把它安上去。正是这把锁，才使得我们因循守旧、不敢创新，难以挑战自我，结果往往是一事无成。

你打算什么时候实现梦想呢？你在等什么？还有什么没准备好？你在等待别人的帮助还是等待时机成熟？取得成功的障碍大多是由我们自己在心理上设置的，只有战胜自我才能取得成功。

有个农夫展出一个形同水瓶的南瓜，参观的人见了都啧啧称奇，追问是用什么方法种的，农夫解释说："当南瓜如拇指般大小的时候，我便用水瓶罩着它，一旦它把瓶口的空间占满，便停止生长了。"

人也是这样，许多人的潜能都被压抑了，许多生命中应有的光芒都是因为我们自我设限、自行掩盖，最终使得它们消失了。许多应有的成功都是因为我们自行否定和打击而胎死腹中。

自我设限，就是把自己关在心中的樊笼里，就像水瓶罩住的南瓜一样，就等于是放弃了自己成长的机会，成长自然有限。

有这样一位男士，他在与妻子的相处中存在许多问题，妻子经常抱怨他自私、不负责任，从来都没有关心过她。有人问他："为什么你不好好跟妻子沟通？"他回答："我的本性就是这样。没办法，我就是一个大男人。"这位男士对他行为的解释是他的自我定义。这源自过去他一直如此，其实他在说："我在这方面已经定型了，我要继续成为长久以来的那个样子。"人生若保持这种态度，根本就是在扼杀可能的机会，从而给自己留下永远无法改变的问题。

确定自己是何种人——"我一向都是这样，这就是我的本性。"这种态度会加强你的惰性，阻碍成长，因为我们容易把"自我描述"当作自己不求改变的辩护理由。更重要的是它能让你固执一个荒谬的观念：如果做不好，就不要做。

一旦你确定了自我是什么样的人，你就是否认自我。当一个人遵守标签上的自我定义时，自我就不存在了，他们不去向这些借口及其背后的自毁性想法挑战，却只是接受它们，承认自己一直是如此，终将导致自毁。

一个人，描述自己比改变自己容易多了。无论什么时候你要逃避某些事情或者掩饰人格上的缺陷，总可以用"我一直这样"来为自己辩解。事实上，这些定义用了多次以后，经由心智进入潜意识，你便开始相信自己就是这样，到那个时候，你似乎定了型，以后的日子好像注定就是这个样子了。无论何时，一旦你脑海中出现那些"逃避"的用语，便马上大声纠正自己。

（1）把"那就是我"改成"那是以前的我"。

（2）把"我没办法"改成"如果我努力，我就能改变"。

（3）把"那是我的本性"改成"那是我以前的本性"。

任何妨碍成长的"我怎样怎样"均可改为"我选择怎样怎样"。不要自我设限，要做一个困兽，冲出自制的樊笼，做一个真正的自我，发挥自己的潜能，才会成为真正的自己。

虽然我们不能左右风的方向，但我们可以调整风帆——选择我们的态度。一旦我们选择了自己、看重自己、珍惜自己、改变自己的态度，那些妄自菲薄的话，那些消磨意志、退化信心和自暴自弃的懦夫的想法就会消失殆尽，取而代之的是心灵的复活、思维和行为方式的积极改变、信心的增强，以"我能，而且我会"的心态来面对一切。

不论你处在什么样的社会环境中，只有树雄心、立壮志，才能干出一番轰轰烈烈的事业，前提是千万别自我设限。

多数人失败的原因在于他们不能正确地判断自己的能力，低估了自己的价值，只有不平凡的个性才能成就不平凡的人生。正如一家企业要想复活其"心志"，就应当去除枷锁，树立"狼子野心"，立志做企业界的最强者，个人也是如此，必须有"狼子野心"，这样才能更快地取得成功。韦尔奇说："要么做行业第一，要么做行业第二，达不到就不要去做。"

每个人的人生就像一个金字塔，只有往上攀登才能享受最大的自由和空间。在这个社会中，有一部分人庸庸碌碌，终其一生都在老地方徘徊，另一部分人按部就班、辛辛苦苦地从E层爬到C层，只有少数人能很迅速地攀到A层，跻身成功者之列，享受顶峰的风光。

3. 用自律去开发你的潜能

每个人心中都酣睡着一个巨人，只有通过自律，才能够唤醒他。当然，这需要有顽强的意志和坚定的恒心才能做得到。

你相信自己身上藏有巨大的潜能吗？别急着否定自己。每个人身上其实都蕴含着无限能量，关键看你能不能运用自律意识去挖掘属于自己的潜能，唤醒内心的那个巨人。

潜能挖掘的深度对于我们的优秀程度和职位的高度有着决定性的影响。也就是说，潜能挖掘得越深、激发得越多，你便会更优秀，成功的概率也就越高。

杰瑞·莱斯被公认为美式足球前卫接球员的最佳代表，他的球场表现是最佳明证。

熟悉他的人说他是个天生的运动员，他的天赋及体能惊人，而且罕见，任何一位足球教练都想找到这样天赋优异的前锋球员。

获选进入美式足球名人榜的明星教练比尔·华西发出这样的赞叹："在我们所认识的人当中，没有一个能赶得上他的体能。"单是这一点还不能使他成为传奇性的人物，在他卓越成就的背后有一个真正的原因，就是他的自律能力。他勤练身体，每一天都在为攀越更高境界而准备自己，在职业足球界没有人像他这样有规律。

莱斯自我鞭策的能力，可以从他体能训练的故事说起。当他还在高中校队的时候，每次练习之前，摩尔高中球队教练查尔斯·戴维斯都规定球员以蛙跳的方式弹跳攀越一座40码高的山丘，来回20趟后才能休息。在密西西比炎热而潮湿的天气下，莱斯在完成第11趟之后就感到吃不消而打算放弃。当他打算偷偷地回球员休息室时，他意识到了自己的行为是不可取的。"不可以放弃，"他对自己说，"因为一旦养成半途而废的习性，你就会把它视为正常。"他掉过头来，回到练习场上完成他的弹跳。从那天起，他就再也没有半途而废过。

成为职业球员之后，莱斯又以攀越另一座山丘而闻名。这是一处位于加利福尼亚州圣卡洛斯的野外山径，全长约有2.5里，莱斯每天在此锻炼体能。有一些足球明星偶尔也来参加练习，但是没有一个人能够追得上他，全被他远远抛在后头，人人对他的体力赞不绝口。其实这只是莱斯固定锻炼的一部分而已。当球季结束之后，其他的球员都去钓鱼或享受假期，莱斯却仍旧保持勤练的作息规律，每天从早晨7点钟开始做体能训练，直到中午。曾有人开玩笑说："他的身体锻炼到高度完美的状况，连功夫明星跟他比起来都只像是个相扑选手。"

许多人所不能了解的地方是，莱斯总把足球赛季看成是一年365天的挑战。美国职业足球联盟明星凯文·史密斯这么描述他："他的确天赋过人，然而他的努力更是凌驾于他人之上，这正是好球员与传奇性球员的分野。"

杰瑞·莱斯证明了自律所具有的强大力量，没有人可以在缺少它的情况下获得并保持成功。我们甚至可以说，无论一位领袖有多么过人的天赋，若不运用自律，就绝不可能把自己的潜能发挥到极致。

要挖掘自身潜能，必须做到以下两点：一是发挥自律，不断学习，好让自己走向完美；二是虚心听取别人的意见，加强自我管理。

学习的目的之一，无非是希望获得新的技能和知识。大家应该都很清楚，这将会是辅助我们迈向优秀的重要资产。谈到学习，多数人第一个想法或做法不外乎是进修。进修的确是相当有用的方式，同时也是具有行动力的表现，但光有行动力显然还不够，还需要持续力来帮忙。

学习最害怕的就是半途而废。很多人可能都有这样的经验：下定决心好好运动，在健身中心缴了一年的会费，结果除了前两个礼拜很勤奋之外，接下来往往有诸多"不可预期"的意外会发生在你预备要去健身中心的那一天。上语言补习班也是很常见的半途而废的事例。在学习路上做了逃兵，不仅前功尽弃十分可惜，况且除了资源的浪费之外，这次不完美的学习经验会给你留下负面记忆，阻碍以后的学习意愿，这才是最大的损失。该如何避免这种情况？唯有通过自律，自律让人自制，杜绝一切可能中断学习的诱惑，让个人发展更具未来性。

在这个世界上，有一些客观存在的规则值得我们去遵循，或许在某些人眼里看来，有的规则是有那么一点儿陈腔滥调，但那很可能是因为缺乏了解，不明白它的真谛。毕竟，能经过历史考验、历久弥新的金科玉律必定有相当程度的参考价值，应该能帮助我们学会如何通过自律来提升学习效果。

此外，挖掘自身潜能的另一要点是虚心听取别人的意见。

在社会上求生存，免不了会遭受到上司、同事或者公开，或者私下的批评。不可否认的是批评总是令人难受，甚至令人难堪，由此产生了一个重要的问题，那就是如何接受批评。既然批评是免不了的，那么我们就应该培养足够的胸襟，容许不同声音的存在。往好处想、倾听不同的声音是纠正自己错误的最好方法，这也是自律、自我管理的一种体现。

对自己有信心的人，多半会认为自己的想法很高明、自己的计划万无一失。自信是好事，但自信过了头，变成自大可就不好了。无论什么人都可能在匆忙之中作出错误的决定。这时候，不同的声音就如同久旱之后的甘霖一样宝贵。倘若能把管理自我放在首位，试着听听这些不同的声音，或许能避免严重的失误。

在接受批评时，可以针对以下3个要点加以斟酌：内容是否符合事实？方向是否正确？受评者与评论者之间的关系如何？对于那些恰如其分的批评意见，我们应该欣然接受，同时记得提醒自己，别人批评我们并不代表在他眼中自己是个一无是处的人。既然对方的意见是正确的，就没有理由逃避，甚至应该请对方提供更多的意见，这样一来，方能更为有效率地改正缺失。当然，忠言大多逆耳，这时更应该运用智慧，忽略那些听起来或许尖刻的言语，只听取言语中有价值的信息，如此方能更坦然地面对、处理他人的批评，并从中受益。

对于有失公允的评论，当然没有必要接受，不过，态度上仍要注意，毕竟对方很可能是出自一片好意。

"胡庆余堂"是红顶商人胡雪岩毕生的心血。在世纪更迭、战火纷飞的年代中，无数金字招牌都未能幸免于难，而"胡庆余堂"却因为胡雪岩的谦虚而支撑了下来。

有一天，一位老农到"胡庆余堂"买药，微露不悦之色，边走嘴里还不停地抱怨。掌柜的看到老人是位农夫，买的鹿茸也不多，就不耐烦地赶他走。

这时候，刚好胡雪岩从外面进来，看到了这一幕，他和颜悦色地询问老人："是不是药店有什么招待不周的地方呀？"老人见胡雪岩衣着谈吐不凡，知道一定是个管事的人，便对他说道："药店的鹿茸切片放置时间太久，有些返潮，希望贵店不要提前将鹿茸切片，等有人来买时再切会更好些。"

这话刚好被掌柜的听到了，他忙威胁老人说："这里卖的都是上等的鹿茸，请不要在这里胡说八道。"

这时胡雪岩却对掌柜摆了摆手说："不要这样对待老人家。"然后就又对老人家说："您是这里的常客，您的建议我会虚心接受，保证让您买到新鲜的鹿茸。这次您买鹿茸的钱可以退还给您，希望下次再来。"

老农夫看到胡雪岩如此谦虚，便大为感动，逢人就夸"胡庆余堂"货真价实，每次进城都会给胡雪岩送些土特产，最后成了忘年交。

有时候批评者与我们关系并不密切，很可能不是很了解我们的状况，这样的评论大概不会有什么重点出现，我们可以在不让对方难堪的情况下对他的批评充耳不闻。接受批评并不代表一味地倾听、一味地吸收，有时候批评只是沟通的开端。对那些就事论事、无所谓对错的意见如果持有不同的看法，可以试着先肯定对方，再提出自己的观点和看法，达到沟通的效果。

在发展自我的学习方面和听取他人的意见方面做到自律自觉，就可以在挖掘自我潜能的大工程中一面铺路搭桥，一面查漏补缺，从而展现出自己最优秀的一面。

4. 赢了自己，就赢了世界

人们最大的敌人就是自己，只有先将自己征服，才能征服世界。

人生如战场，千军万马，杀气腾腾，一位在作战时能够万夫莫敌、屡战屡胜的常胜将军功勋彪炳，使得敌军闻风丧胆，但他内心是否平安、自在、欢喜，往往不为世人所知。例如拿破仑在全盛时期何等风光，战败后被囚禁在一座小岛上，相当烦闷痛苦，难以排遣，他说："我可以战胜无数的敌人，却无法战胜自己的心。"可见能战胜自己的心才是最懂得战争的上等战将。

莎士比亚曾说，假使我们自己将自己比作泥土，那就真要成为别人践踏的东西了。其实，别人认为你是哪一种人并不重要，重要的是你是否肯定自己；别人如何打败你并不是重点，重点是你是否在别人打败你之前就先输给了自己。很多人失败，通常是输给自己，而不是输给别人，因为如果自己不做自己的敌人，世界上就没有敌人。

下面是一个真实的故事。

美国从事个性分析的专家罗伯特·菲利普有一次在办公室接待了一个因企业倒闭而负债累累的流浪者。

罗伯特从头到脚打量眼前的人：茫然的眼神、沮丧的面孔、十余天未刮的胡须以及紧张的神态。罗伯特想了想，说："虽然我没有办法帮助你，但如果你愿意的话，我可以介绍你去见本大楼的一个人，我想他可以帮助你赚回你所损失的钱，并且协助你东山再起。"

罗伯特刚说完，这个人立刻跳了起来，抓住罗伯特的手说道："看在老天爷的分上，请带我去见他。"

罗伯特带他站在一块看来像是挂在墙上的窗帘布之前，然后把窗帘布拉开，露出一面高大的镜子，他可以从镜子里看到他的全身。罗伯特指着镜子说："就是这个人。在这世界上，只有这个人能够使你东山再起。你觉得你失败了，是因为输给了外部环境或者别人了吗？不，你只是输给了自己。"

这个人朝着镜子走了几步，用手摸摸他长满胡须的脸孔，对着镜子里的人从头到脚打量了几分钟，然后后退几步，低下头哭泣起来。

几天后，罗伯特在街上又碰到了这个人，而他不再是一个流浪汉形象：他西装革履，步伐轻快有力，头抬得高高的，原来那种衰老、不安、紧张的姿态已经消失不见。

后来，那个人真的东山再起，成为芝加哥的富翁。

就像故事中的主人公一样，人生在世，要战胜自己很不简单，一般人，得意时忘形，失意时自暴自弃；被他人看得起时觉得自己很成功，落魄时觉得没有人比他更倒霉。实际上，只有在不受成败得失的左右、不受生死存亡等有形无形的情况影响，做到慎独自律、宠辱不惊、心安人静，才能说你已经战胜了自己。

5. 你认为你能，就一定能

当压力来临时，要用自己的豁达和乐观将压力转化为动力，并不时地为自己加油打气，只要相信自己，就一定会成功。

这个世界上有能力的人很多，但是最后能获得成功的却有限，这是因为实现成功不仅需要能力，更需要意志。成功路上的各种风雨坎坷都是对意志的考验。谁的意志顽强，就能冲出风雨见彩虹；谁意志薄弱就会倒在通往成功道路的最后一扇大门之前。

卡耐基认为，在世界上，没有别的东西可以替代坚韧的意志，教育不能替代，父辈的遗产也不能替代，而命运则更不能替代。禀性坚韧是成大事、立大业者的特征。

由此可见，如何面对困难是成功者和平庸者之间的一道分水岭。成功者能够迈过困难的阻挠，而失败者却总是在困难面前止步不前，最终一生流于平凡。

在追求梦想的路上，也许你已经经历过太多的苦难和不幸，但是你要记住，千万不要丧失动力，因为你只要坚持到云开见月明，成功就是你的。一个人想拥有面对困难时百折不挠的精神，没有一颗坚韧的心是万万不可能的。但凡有所成就的人，做每件事都会坚忍不拔、全力以赴。不管成功的概率多大，哪怕只有1%的把握，他们也会付出100%的努力。

一个有着坚强意志力的人便有创造的力量。不论做什么事都要有坚强的意志，任何事情只有付出极大的努力才能获得成功。充满顽强意志力的人在面对困难或突发事件时常表现得镇定自若、异常冷静，这样才能发挥内在的潜能，找到解决问题的办法。

至于如何增强意志，只有在一次次经历中去培养和磨炼。单纯的口号不仅不能体现出霸气，反而会让你如纸老虎一般，一碰就倒。人的意志力的强大力量是难以想象的，它能克服一切困难，不论所经历的时间有多长，付出的代价有多大，无坚不摧的意志力终能帮助人达到成功的目的。

生活中，每一个人都会面临压力，在压力面前，没有人可以幸免。不管我们是否愿意，压力都会每天陪伴着我们，如果想在这个充满竞争的社会上获得更高的成就，学会变压力为动力就是一种必备的生存之道。只有善于化解压力的人才能向别人很好地展示自己的乐观、不屈不挠的精神以及面对问题时积极思考的头脑，只有这样的人才会受到别人的重视和尊敬。

爱默生说过："伟大及高贵的人物最明显的标志，就是他坚定的意志，不管环境变化到何种地步，他的初衷与希望都不会有丝毫的改变，而终至克服障碍，以达到所企望的目的。"意志力强的人，心中充满了无限的可能性，他相信一切都是可以超越的。只要你认为能，就一定能。

6. 要成功，就要永不放弃

自律就是要坚持到底、永不放弃，咬定青山不放松。

也许你常常说："我一直都想成功，也试过了很多次，但一直都没有好的结果。"那么，现在问你："很多次是多少次？上百次、几十次，还是只有几次？"

对于没有成功的人而言，不管付出过多少次的努力，最后失败的原因肯定只有一个——放弃。人一定要有不放弃的精神，这是成功的前提。当然，要做到这一点，需要人具备自律精神，以此支撑着自己坚持到底。

在多数人看来，一个人是否有力量，全在于他的性格和手段。那些性格温和而从不采用暴力的人，有时会被人视为懦夫。然而，甘地却改变了人们对力量的看法，他以温和和非暴力著称，始终坚持自己的信念，这种强大的意志力萌发出的气场，让他成为印度最有影响力的领袖。

每一种成功的背后都有不为人知的心酸，但每一种成功也都有个共同的秘诀，那就是坚持。很多时候，不要抱怨成功太艰难、路途太坎坷，你需要的是增强你的意志力，还有你的恒心。当你感到精疲力竭的时候，放弃是最简单的，也是看起来最好的选择，然而成功者在此时却忍住了,他们的意志力是普通人难以想象的,甚至为了成功,他们可以选择"一生只做一件事"。

有人曾经问过小提琴大师弗里兹·克莱斯勒,为何他能演奏得如此好,是不是运气好?弗里兹·克莱斯勒回答:"这一切都是练习的结果。如果我一个月没有练习,观众可以听出差别;如果我一周没有练习,我的妻子可以听出差别;如果我一天没有练习,我自己能够听出差别。"

想让自己像弗里兹·克赖斯莱一样,用自身的实力和魅力感染更多的人吗?那就坚持做好你该做的事吧。

所有的失败者都有一个共性,那就是太容易放弃自己当初的一些愿望或原则。他们总认为坚持下去也于事无补,所以经常会自作聪明地选择"战略转移",到头来一事无成。

其实,要想成功,就必须专注而不放弃。很多人非常聪明,但是没有长性,也难以成功。可是有些看起来不太聪明的人却因为能够坚持而最后获得了巨大的成功。就像法国画家雷杜德,用了整整20年的时间只专注于一件事情,最终成就了他"玫瑰画家"的美誉。

雷杜德一生动荡,他出生在封建制度下等级森严的社会,成长在法国大革命纷乱的战火中,虽然也曾有朋友要他投身于人民解放的革命中,用鲜血染红一片奋斗的历程,但他没有答应。后来朋友威名远扬,成了赫赫有名的将军,而雷杜德却默默无闻,在历史上几乎找不到他的踪迹,但热爱艺术的人们会永远记住他。

雷杜德用了半生的时间来研究玫瑰，研究各种姿态美妙的玫瑰，整整20年，以一种"将强烈的审美加入严格的学术和科学中的独特绘画风格"记录了近200多种玫瑰的姿容，集成了《玫瑰图谱》。在此后的180年里，以各种语言和版本出版了200多个重版本，平均每年都有新版本的芬芳降临人世。雷杜德用半生的专注来挖一口玫瑰之井，让那些美妙的花儿艳丽多姿，这就是雷杜德的真本事，虽然只做出了一份贡献，但他依旧彪炳史册。

在历史的长河中，用毕生精力挖一口深井的人屡见不鲜：曹雪芹倾注毕生心血，终留传世之作《红楼梦》；鲁迅先生弃医从文，一生以文字作为和敌人对抗的匕首，针锋相对；钱钟书一生治学，终成当代中国少有的学贯中西的文学大家。凡是有所作为的人，往往都是全神贯注、倾尽身心去追求既定的理想，浅尝辄止是挖不成一口深井的。

生活中有许多看似匆忙、手脚终不得闲的人，整天没有一刻休息，却总见不到任何显著的成效。究其原因，想必就是做事浅尝辄止，刚刚上手去做某件事，而心里却又开始惦记着下一件事，到头来只能像抓蝴蝶的小猫，仍然两手空空。

浅尝辄止的人之所以会显得异常忙乱，是因为他们没有坚定的目标，这无疑是对生命与资源的最大浪费。人生短暂，精力与时间都有限，我们应紧紧把握住自己独有的优势和志在必得的方向，凭借永不放弃的努力，执着而专注地做下去，这样才能有所作为。

当我们在为心中的目标而努力时，其实很多时候是看不到自己离成功还有多远的。有些人拼搏了一阵而仍然看不到希望，他们便开始产生怀疑，开始垂头丧气，渐渐地发展成越来越强烈的绝望，直至放弃了努力。

殊不知，也许就在放弃努力的时候，成功已经离你很近了，只要再向前走几步，便能拨开乌云见晴日了。但就是因为没有坚持到最后一刻而放弃，也就永远与阳光无缘了。我们平常所遇到的挫折，其实都只是一种考验。既然生命还没有对你说"不"，你又何必未战先降呢？

做事情要持之以恒、善始善终，越接近成功就越要认真对待。哪怕走了 99 里，剩下最后一里没有走完，也算没有成功。如果坚持不到终点，就会失去差不多全部的意义。

下篇

管好自己，做自己的主人

自我管理其实就是一个不断自我克服的过程，作为自我的主人，无论环境如何，管好自己是做人的义务，管好了自己的目标、管好了自己的言行、管好了自己的时间、管好了自己的习惯、管好了自己的情绪、管好了自己的心态，你就是自己真正的主人，你的人生就会由你来掌控。

第 7 章

如何管好自己的目标

目标就是对于所期望成就的事业的真正决心,是对成功的一种渴望。一个人如果没有目标,就很容易在人生的旅途上徘徊甚至迷失自己。所以,我们一定要树立自己的目标,以自律作为实现目标的依托,一步步地朝着成功迈进。

1. 有了目标,就有了前行的方向

有自己的目标,在前进的道路中才不会偏离航向,更不会半途而废,一旦失去了目标,也就失去了斗志,终将走向失败。

古话说:"欲行千里,先立其志。"这里所谓的"志",就是人生的志向,也就是人生的目标。否则,漫无目的地走,最终只会误入歧途。

所谓的目标,其实非常简单,就是你想要得到的东西。如果你非常想得到某件东西,就必须把它作为自己坚定的目标。在我们满心渴望地追求一个目标时,会触发许多与目标相关的事件,有些事

件看起来微不足道，但是如果我们处理不好，也可能使我们偏离自己的目标。这就像打电动游戏一样，最终的目标是打到终极怪物，但是为了实现这一目标，你需要不断地升级、获取装备……只要一件事情没能处理好，也许就无法获得最后的胜利。

有了目标之后，就会激发起人的成功欲望。这种欲望可以激发我们的自律精神，因为当我们把行动和心中的目标联系在一起时，总是会有更优秀的自制力，不被外界的困扰所迷惑。

拿破仑·希尔认为，支撑人类生存和发展的一个重要因素就是欲望。只有那些拥有欲望的人才会产生不断奋斗的勇气和决心。松下幸之助曾经说过："如果你想成功，最重要的就是要有想去完成那件事的强烈欲望。心里一直想着不完成它绝不罢休的时候，事情可以说已成功了一半。有了这种积极的成功欲望，一定能想出完成这件事的手段或方法。"这段话道出了一个亘古不变的成功法则：强烈的需求心从来都是推动人们成就事业的巨大力量。

人仅仅拥有一般的欲望是不够的，要成功就必须拥有和保持强烈的成功欲望。比如，如果你真的十分强烈地希望拥有财富，那么你就应该首先在内心具有发财致富的欲望，进而使这种欲望变成充满你大脑的念头。所有梦想做出一番事业和傲人成就的人都要将目标牢牢记在心中，时刻鞭策自己，只有这样，成功才会在某一天降临。

对于所有人而言，内在的精神是促使自己去实现目标的最大动力和积极因素。为什么失败者常常整日无所事事、虚度光阴？就是因为他们没有目标。没有目标，人就会迷失方向，开始漫无目的地徘徊，接受平庸的生活。

弗罗伦丝·查德威克是世界著名的女性游泳健将,也是世界上第一位成功横渡英吉利海峡的女性。

1952年7月4日清晨,当时已经34岁的查德威克从卡塔林纳岛上出发,试图穿越茫茫的太平洋,到达21英里之外的美国加利福尼亚海岸。如果成功,她将创造另一项世界纪录。

那天早上,大雾弥漫,她几乎看不到护送她的随从船队和人员。冰冷的海水冻得她浑身发麻,她咬紧牙关坚持着,时间一小时一小时地过去,成千上万的观众在电视前看着她,为她呐喊加油。

大约过了15个小时,她感到疲惫不堪,又冷又累,快要坚持不住了,于是,她呼喊着让人拉她上船。这时,她的母亲在船上告诉她,现在离加利福尼亚海岸已经很近了,千万不要放弃。可是,她朝前面望去,除了浓雾还是浓雾。又坚持游了半个多小时之后,她筋疲力尽,随从的保护人员终于把她拉上了船。

浓雾散去之后,她才知道,自己上船的地方离海岸仅有半英里的距离。

这是她长距离游泳生涯中唯一的一次失败。事后她对采访的记者说:"说实在的,我不是为自己找借口,如果当时我能看见陆地,也许我能坚持下来。"

两个月之后,她成功地游过了这一曾经令她失败的海域。

这个故事揭示了目标的重要性,人若没有目标,就失去了斗志,更失去了约束自我的自律能力,最后终将走向失败。

人活在这个世界上总会受到各种事物的影响,外在环境也永远在变化,如果没有树立坚定而且明确的目标,就难以树立起自律能力，容易接受一些消极的影响，最终沦为失败者。相反，那些拥有明确目标的人则不会轻易被改变，所以他们显得更加执着、更有意志，也更容易成功。

你如果给自己树立了一个坚定而且明确的目标，不论它是大还是小，容易或者困难，你都会把自己生命中分散的力量集中到这个目标上，所以更容易在某个领域获得成功。

哈佛大学做了一个关于目标对人生影响的跟踪调查，对象是一群智商、情商、学历、环境等条件差不多的年轻人，调查结果发现，27%的人没有目标，60%的人目标模糊，10%的人有着清晰但比较短期的目标，3%的人有着清晰且长期的目标。

25年的研究结果表明，那3%的有着清晰且长期的目标的人，25年来几乎都不曾更改过自己的人生目标，25年来，他们都朝着同一个方向不懈地努力，25年后，他们几乎都成了社会各界的顶尖成功人士，他们中多是行业领袖、社会精英。那10%的有着清晰短期目标的人，大都生活在社会的中上层，他们的共同特点是：那些短期目标不断被达成，生活状态稳步上升，成为各行各业不可缺少的专业人士，如医生、律师、工程师等。那60%的模糊目标者几乎都生活在社会的中下层，他们能安稳地生活和工作，但都没有做出什么特别的成绩。剩下的27%是那些25年来都没有目标的人群，他们几乎都生活在社会的最底层。他们遭遇了失业的境遇，靠社会救济，并且常常抱怨他人、抱怨社会、抱怨世界。

哈佛大学的这个调查用事实证明了一个真理——没有目标的人生，最终会被命运抛弃。

对于我们这些普通人而言，要想实现自己的梦想，就必须时时将梦想放在心里，不要放弃每一个为了梦想而努力的瞬间，这是奋斗过程中不能缺少的一环。

事实上，人其实就是一种"目标动物"。正如亚里士多德说："人是一种追寻目标的动物。"当初诺贝尔为了制造出炸药，不惜投入数年光阴、无数家资以及自己和亲人的生命安全，只为实现自己的目标，到头来虽历经艰险，然而终有成功之时。李时珍为写《本草纲目》更是行万里路、读万卷书，放弃高官厚禄，付出数十载光阴，最后才终于万古流芳。我们实现自己目的的每一个过程，都是一个不断追求目标的过程。

人生目标的确立，使人们在规划人生的同时可以更理性地思考自己的未来，只有确立了正确的目标，我们才可能到达想要的境界。

总而言之，人若想有大成就，就必须有目标并专注于自己的目标。爱因斯坦也说："一个人只有以他全部的力量和精力致力于某一个事业时，才能成为一个真正的大师。"

2. 制订计划，预订成功

目标确立之后，还需要制订一个切实可行的计划，然后再付诸行动，目标才能实现。

从实践看，树立目标总离不开3个步骤：第一个步骤是确定自己的目标；第二个步骤是制订实现目标的计划；第三个步骤是做出时间安排，确保计划的实现。

每一个人都应该树立自己的目标，为了实现人生目的，我们必须有计划去度过每一天。所以，有了人生目标之后还要学会计划，因为目标需要计划来实现。正所谓有人在计划成功，有人在计划失败，就是这个道理。

譬如，假如你想要去某个城镇，自己开着车，你脑海中自然会刻画出你想抵达的目的地，而且你会直接沿着这个方向前进。虽然你对自己选择的道路并不确定，可能会转错弯，沿着错误的方向走下去，可是你最终会找到正确的路，并抵达目的地。当你头脑中有一个明确的目的地，沿着正确的路去寻找，你就一定可以到达。

据说只有两种动物能到达金字塔顶端，一种是雄鹰，另一种是蜗牛。雄鹰靠的是自己的天赋——一双会飞的翅膀；蜗牛虽然很慢，而且经常会在向上爬的路上掉下去，只能从头再来。但是靠着自己的坚持，它还是爬到了金字塔顶端，它眼中所看到的世界、收获的成就和雄鹰是一样的。

其实，每一个人的成功都是他实现自己的人生目标（包括小目标或大目标、短期目标或长期目标）的全过程。要知道，无论多么恢宏的理想，也是一个个小目标的集合。就像打仗一样，不管你的战略构想有多么宏大，都要先去计划好一城一池的得失。每个人在为理想奋斗的过程中要实现目标，就必须制订实现目标的计划。

没有计划的目标是空中楼阁，一个人必须以目标为中心，制订自己的"个人成功计划"，同时，假如你给自己制订的目标很遥远，你也不要被自己的目标所吓倒，这会极大地影响你在实践目标过程中的自律能力。

如果我们想取得一定的成功，我们要做的第一件事就是必须建立一个坚定而且明确的目标。为了实现目标、实现自律，我们可以把远大的目标分解为若干个小目标，然后再依次渐进去实现它们。这样一来，每次实现一个小目标，内心就有一种成就感，自信心就会大增，这种成就感会进一步增强我们的自律能力。只要一步步走下去，最终会实现那个遥不可及的"大目标"。

1984年的东京国际马拉松邀请赛中，日本人山田本一出人意料地获得了冠军。在记者招待会上，他才说出了自己赢得比赛的秘诀，原来，山田本一将马拉松全程分为好几个阶段，站在起点上时，他心里并不去想那漫长的数十公里路程该怎么坚持下去，而是只想着眼前这个阶段的不到1000米该如何跑完，这样一来，心理压力就降到了最低，发挥得也更出色了，最后终于赢得冠军，这就是分阶段实现目标的好处。

如果你想要提高你的英语水平，你就不能告诉自己："我要提升我的英语水平。"你应该说："我现在的英语水平是4级，我要在一年之内把英语水平提升到6级。"这就是明确的目标。只有拥有强烈的动机，你才能够克服一切困难，直到成功。一旦你的愿望开始燃烧起来，你将发挥出比任何人都坚强的忍耐力。

在有了目标之后，你应该给自己制订一个计划。我们经常会听到："计划不如变化快。"但你要明白："没有计划，你正在计划失败！"虽然计划容易发生变化，但不能因为变化而不去做计划。就是因为计划常常变化，所以我们更需要明确的、具体的、周详的计划。对于一件事情，你可以制订几个计划方案，当第一个计划发生变化时，你要马上修正你的计划，或者直接启用第二套方案继续你的计划。在制订和实施明确而周详的计划的过程中，你必须集中注意力去解决问题。陈安之说道："注意力等于事实。"要集中注意力，就像练武之人将全身所有的力量集中到拳头上去攻击敌人一样，要集中注意力，就要像老奶奶一样聚精会神地把线穿到针眼里。

每个人都要按目标所指出的方向努力，根据预定计划去考虑该采取什么样的措施。在做出几年、几月、几周的计划后，也要制订出相应的实施计划，然后把这些计划写下来，以便不断提醒自己。

当我们的目标看起来遥不可及的时候，我们不妨将奋斗目标长短结合，让自己不断体会成功的喜悦，保持那份进取之心。例如，一份需要 5 年才能实现的梦想，我们可以于每一年给自己设定一个标准，一旦实现这一目标，就可以对自己犒劳一番，体会成功的快乐。给自己树立新的目标，就会有新的方向、新的动力，这样自然能保持高涨的工作热情。

但是你也要明白，如果你树立多个目标，你指引的这种力量将被分散，每个目标都会平等地获得这种力量的一小部分，从而使作用变小，甚至根本不会产生任何作用。你是否有一个伟大的最终目标要去完成？而且在完成这个最终目标的过程中，你必须先完成一些较小的目标？那么让这些较小的目标静止不动，选择最近的或是第一个目标，在其中运用你的力量，一旦你完成了第一个目标，再继续完成第二个，如此继续。

曾国藩曾说，获取成功第一要有志，第二要有识，第三要有恒。

简言之，就是说人应该有一个坚定的目标，然后持之以恒地走下去，就能获得成功。

3. 细化目标，成功便唾手可得

大目标是由许多个小目标组成的，需要一步一个脚印、一步一个台阶去完成它，才能最终实现大目标。

对于我们每一个人来说，只要能够正确地确立目标并积极地去实现它，我们就会获得成功的人生。其中"确立目标"可以说是比较容易的，但是最难的就是如何实现目标。

很多人有着许多远大的理想，但是等到最后却没有去实践，这是因为他们已经被庞大的目标的困难度给击败了，实现目标所需要的勇气已经被心中的恐惧所击碎，所以，他们的目标很难实现。事实上，有很多目标看似很难实现，但是我们完全可以通过"目标多权树分解法"来实现它们。

那么，什么是"目标多权树分解法"呢？在为了回答这个问题而解释这个词组之前，我们先来看这么一则寓言故事。

一只新安装成功的闹钟和两只已经工作了很多年的钟放到了一起。两只旧钟发出"滴答""滴答"的声音，它们一分一秒地按时走着。

新闹钟很好奇地问道:"我们的工作很好做是不是?"

一只旧钟对新钟说:"非常艰难,我甚至对你有点儿担心,担心你走完了3300万次后,就已经吃不消了。"

"天啊,3300万次,太不可思议了!"新钟吃惊地说道,"要我完成这么难的事,恐怕我做不到。"它非常绝望地站着。另一只旧钟对它说:"别听它乱说,你一点儿都不用害怕,你只要每秒钟'滴答'一声就可以了。"

"原来是这样简单!"新钟高兴地喊了起来,"只要这样做,那就简单多了,好吧,我现在就开始滴答了。"新钟非常轻松地每秒钟便"滴答"摆一下。转眼之间,一年多过去了,它摆了3300万次。

这个寓言故事告诉我们:在一个很大的目标面前,人们经常会因为目标的艰辛而感到失望,甚至怀疑自己有没有能力完成,自律性更是无从谈起。可是,当我们在一个小目标面前的时候,我们却总是会充满信心地实现它。

人们常说,人往高处走,水往低处流。是啊,每个人都有自己的人生追求,可有的人喜欢把目标定得过高过大,因为不切实际,非但实现不了,反而会对自己造成伤害,让他们陷入失败症候群中无法自拔,甚至拖累自己一生。因此,一切从实际出发,冷静分析自己的强项和弱势,不好高骛远、不贪多求大,才能作出明智的选择,才能脚踏实地、一步一个脚印地实现自己的人生目标。

在英国的国会大厦西南侧耸立着英国最古老的建筑物——威斯敏斯特教堂,在这里长眠着从亨利三世到乔治二世等20多位国王,还有牛顿、达尔文、狄更斯等科学家、文学家以及第二次世界大战中于"不列颠之战"牺牲的皇家空军将士。在一个不显眼的角落的一块墓碑上刻着一段非常著名的话：当我年轻的时候，我的想象力从没有受过限制，我梦想改变这个世界。当我成熟以后，我发现我不能够改变这个世界，我将目光缩短了些，决定只改变我的国家。当我进入暮年以后，我发现我不能够改变我的国家，我的最后愿望仅仅是改变一下我的家庭，但是，这也不可能。当我现在躺在床上，行将就木时，我突然意识到：如果一开始我仅仅去改变我自己，然后作为一个榜样，我可能会改变我的家庭；在家人的帮助和鼓励下，我可能为国家做一些事情；然后，谁知道呢？我甚至可能改变这个世界。

通过这段充满懊悔的文字，我们应该懂得成功的最佳目标不是最有价值的那个，而是最有可能实现的那个。因此，无论何时何地，我们都要正确估量自己、正视自己。如果你是一棵小树，那就一心一意地把根扎进沃土；如果你是一只船，那就扬起高高的风帆；如果你是水，就要成为一股奔腾的活水去投奔大海……

相反，如果我们将每一个大目标分成若干个小目标去实现，那么只要我们实现了每一个小目标，大目标距离我们也就不远了。

的确，目标是一步一步地实现的，想要实现目标就应该由小目标到大目标、一步一个台阶地去前进。如果我们在设定目标的时候将大目标转到小目标，一层一层地分解，再将每一个小目标转换成很多更小的目标，那么，当我们在实现每一个小目标之时，我们就能备受鼓舞，而且我们会很清楚自己现在该去做什么。

所谓"目标多权树法"又叫"计划多权树",就是指用树干代表"大目标",用每一根树枝代表那些"小目标",用叶子代表现在就要去做的目标。这是一种很有条理的划分方法,能把一个个宽泛的目标分解成具体的目标,能够让我们更好地去工作。

那么,我们如何运用"目标多权树分解法"呢?

将那些大目标写出来,然后问问自己:实现这些目标需要什么样的条件?然后列出实现目标的相关条件。而这些需要完成的条件就是我们达成这一目标之前必须实现的小目标。因此,每一个小目标都是大目标上的树权。

紧接着再问问自己:要实现这些小目标的相关条件是什么?然后,写出实现每一个小目标所需要的"必要条件"与"充分条件"。这样一来,我们就会找到这些小目标上的"权树"。依次类推,等我们画出了所有的"树叶",我们就算是完成了该目标的"多权树"的分解。每一个目标到最后都可能被描绘成一棵枝繁叶茂的大树。所以,一棵完整的"目标树"就是一套完整的实现这一目标的具体行动计划。

检查"目标树"的分解是否具体,只需反过去从叶子到树枝,再到树干不断地去数,然后不断地问:如果这些小目标都实现了,那么这些大目标就一定会实现吗?如果"是",那么就表示这个分解是正确具体的;如果是"否",那么就表明我们所列的小目标还不够充分具体,需要继续补充被忽略的小目标。

目标多权树分解步骤如下:

(1)写出一个很大的目标。

(2)写出实现这一目标所有的"必要条件"和"充分条件",再将这些条件作为小目标，即我们所说的第一层树权。

（3）写出实现每一个小目标所需的"必要条件"和"充分条件"，这些条件就是我们所说的第二层树权。

（4）如此类推，直到画出所有的树叶之时就表示实现了目标，这才算完成了这一目标。

（5）检查"多权树"的分解是否具体，就应该不断检查，如果小目标都没有实现，那么大目标肯定就没有实现。如果小目标都已完成，那么所列的条件已经足够充分，大目标也已经实现。

（6）评估目标。所谓的目标评估可以分为"目标合理性评估"与"计划可行性评估"两大类。这两种评估的核心就是对于目标大小的正确评估。

①评判标准之一：当目标被完全分解完全后，发现在单位时间无法完成"树叶"显示所有的工作量，那么就表明这一目标太大，还需要继续分解。

②评判标准之二：当目标被完全分解之后，发现在单位时间内可以轻易完成"树叶"显示的所有工作量，那么表明这一目标太小。

（7）判断目标能否实现。将目标"多权树"分解完后，如果列出的条件全部是"必要条件"，那就表明即使这些小目标全部达成，那么大目标也不一定能够实现。如果列出的条件是"充分条件"，就算除了"必要条件外"还有充分的条件，那就表明只要小目标全部实现，这一大目标就一定能够实现。假如小目标全部实现了，但是大目标却不一定达成，那么则表明分解时忽略了其他辅助条件，这时候我们就应该立即予以补充，直到所有的条件完全充分为止。

以上是目标管理的几个原则，而这些原则的实施必须依赖人的自律精神。人之所以区别于动物就在于可以自律，动物的一切行为皆源自于本能，而人的行为却要控之、制之、律之，只有这样才能有德。人有德才称之为人，只有最简单的行为而无德，与动物有何异？诚然，自律不易。正如柏拉图所说，自律是对于快乐与欲望的控制。每个人在纷繁复杂又充满诱惑的世界中前行，势必会受到各种各样的诱惑。这时，阻碍自己前进、破坏自己艰苦努力的敌人往往不具备足够坚定的意志，没有顽强意志力的支撑，自律只是一纸空文，你必须时刻强迫自己做不愿做却不得不做的事情。比如，上操时挺拔的军姿是必需的，但你却筋疲力尽、大汗淋漓，如果你随便乱动，就是在放纵自己的行为；如果你克服疲惫、坚持到底，就是你自律的表现。

自律的养成是一个长期的过程，不是一朝一夕的事情，因此要自律，首先就得勇敢面对来自各方面的一次次对自我的挑战，不要轻易地放纵自己，哪怕只是一件微不足道的事情。一次放松似乎是茫茫人生大海中的一片浪花，而一时的懈怠似乎只是漫漫机遇中的一粒沙砾，但一次次放松与懈怠的累积就会演变为顽固不化的恶习，最终在自己的松懈散漫下将会惨烈地败给自己。

4. 计划行事，才能出高效

做事要有计划，并学会合理安排时间，严格地按照自己制订的计划行事，这样才能高效做事。

与其紧张地工作，不如轻松地前进。要想能够轻松地前进，就应该有一个完善的计划以及按照计划一路向前的自律精神。

很多计划是为实现一定的目标而在事前对相关的措施和步骤进行了部署。因此，我们在做任何事情之前必须要有计划，如果不能达到预期的目标，那么就表明计划失败。

伊索寓言中有个《蚂蚁和蝉》的故事。

冬天的时候，蚂蚁在晾晒受潮的粮食。这时候，一只饥肠辘辘的蝉向它乞讨。蚂蚁对蝉说："为什么你不在夏天的时候为自己储存点儿粮食呢？"

蝉回答说："那时候，我还正在唱着悦耳的歌曲，根本就没有工夫做这些事。"蚂蚁笑着说："如果你夏天的时候吹箫，那么冬天的时候就去跳舞吧。"

从这个寓言故事中，每一个人都能体会出利用时间的态度不同，我们命运的境遇自然也就不一样。有了计划，我们做工作时才会有方向和重点，工作起来才能有条理。作为一个整日都非常繁忙的职业人士，为了拥有更多的时间，就必须养成制订计划的优良习惯，养成一个好习惯，会使我们每做一件事就向我们的梦想靠近一步。

马肯基氏的调查报告显示，在计划上投入较多的时间的人和没有投入很多时间的人相比，前者能够在非常短的时间内实现计划，而且效果非常不错。这表明，有效的计划能成为高效利用时间的奠基石。有的人可能会抱怨自己总是没有时间制订计划，可以说，这根本就是借口，这样的人别想得到预期的效果。马肯基氏对此提出了警告："一流的企业员工做事必须在计划的指导下进行。我们与其紧张地工作，不如轻松地前进。花一点儿时间全部安排好计划，就能够让我们在行动过程中节省很多的时间。"

美国前总统罗斯福就是一个注重计划的人，他总是会把自己该做的事全部记录下来，然后去拟定一个整体的计划表，规定自己要在某些时间内做某些工作。正因为如此，他总是按照自己的时间计划去做事情。通过他的日程表就可以看出：上午9点钟的时候，他与夫人在白宫草地上悠闲地散着步，等到晚上的时候再去招待客人吃饭，一天的时间被他安排得井井有条。等到他该睡觉的时候，因为所有该做的事都完成了，所以他可以放心地去睡大觉。

按照时间和内容，大体上可以将计划分为这么几类：日计划、周计划、月计划、季度计划、年度计划以及专项计划等。

那么，我们如何做好月计划呢？

月计划一定要比周计划更加宏观。一般来说，月计划包括下一个月要去做的重要事项，因此月计划是一项相对长期的计划。一定要指出的是：月计划必须是与企业的目标以及部门在某一段时间周期内的工作内容都紧密地联系在一起的。

例如，一个人在未来一个月内要完成一个目标，那么他可以把月目标分成4个周目标来实施。

通常来说，周计划必须遵从月计划，因为很多重要的工作不是在一周之内所能完成的，而是一个连续的过程。但是任何计划都永远赶不上变化，谁也不可能预先制订出一个完美无缺的月计划。

在做周计划之前，应对所有的工作进行一次全面性的检查，然后再根据工作目标、月计划、工作日志、排定的活动、待办的事项等去安排周计划，因为这样做能够安排好工作的优先顺序。

为了确保按时完成计划，必须将计划写下来，这样做可以控制和利用好时间。每日计划可以包含下列内容：

1. 当天目标，就是我们必须当日完成的工作。
2. 预留事项，预定的特别事项所应该准备的时间。
3. 待做事项，并不是很重要的工作。

制订和实施日计划的5个步骤如下：

1. 把每一个目标任务清楚地写出来。
2. 确定当天的重要事项，提前安排好优先顺序。
3. 准确估算一下时间的长短。
4. 写出自己的行动方法和工作步骤。
5. 预测可能出现的问题并制定出相应的应对措施，留一些缓冲时间给随时可能会发生的变故。

最好在每天晚上做好明天的日计划，并检查每天所做的工作是否与周目标相吻合。一周之后，检查所做的工作是不是与月目标相一致。以此类推，检查我们每个月所做的工作是不是与季度目标相一致、今年所做的工作是不是和我们的人生目标相一致。

在制订日计划之时，一定要清楚地考虑到计划的弹性，千万不能将计划制订在自己的能力所不能达到的高度，而应该制订在自己的能力所能达到的范围，因为我们每天都会遇到一些随时会出现的突发情况，或者领导交办了新的临时任务。如果我们每天的计划都是排得特别满，那么在我们执行临时任务时就必然会挤占我们早就制定好的工作时间，因此原计划就肯定完不成，久而久之，我们的计划就会失去严谨性，领导也会认为我们不是一个很有时间观念的员工，我们自己对制订计划这项工作也会逐渐产生怀疑心理。

如果计划要做的工作没有做完，我们就应该马上去做，而不是为拖延去找借口。如果一个职场人士总为自己的拖延找借口，不仅会浪费时间，工作效率也难以保证。更重要的是拖延还会消磨人的意志，会纵容人的惰性。因此，一旦拖延形成一种习惯，就会使我们对自己越来越没有信心，总是会不停地怀疑自己的能力、怀疑自己的价值目标，甚至会让我们的性格变得犹豫不决。

5. 自制力，是实现人生目标的保障

　　目标制定起来十分容易，但是要坚定不移地去实现它却需要较强的自制力和耐力，要有一种严格的律己精神，坚持目标，执行到底，目标才能够实现。

　　杂而不精和择一而专哪个更好？也许有人会说，杂而不精更好，因为这样的人懂得更全面，或者有人说两者都没有最好，只有更好。但是经过自律的考量，我们要说的是，择一而专更好。

　　人生的目标不在于多少，而在于是否专一。有的人的目标繁杂不均，不知道该从何下手，虽然目标很多，但是要自己身体力行，能够达成的人却寥寥无几。如果是这样的人，不管过了多久，等到我们回过头再去看的时候就会发现，其实，他们一直在路上，一直在路的起点，永远都是在岔路口徘徊，不知道自己该走哪条路。

　　20世纪80年代，在国内有一位非常出名的花鸟鱼虫画家在他16岁的时候就举办了个人画展。他的作品被选送到美国、法国等国展出，被世人称为"天才画家"，种种荣誉铺天盖地地向他涌来。但是，这位画家依然坚持自我，该如何作画还是如何作画，不为名利所动。

　　在一次画展上，有人走过来问画家："你现在取得了这么大的成

就,是什么样的力量让你从众多画家中脱颖而出呢?一路走来,你是不是感觉非常艰难?"

画家微笑着说:"其实一点儿都不难,在最开始的时候,我本来是很难成为画家的。在当时,我父母非常希望我能全面发展,我不仅喜欢画画,还喜欢游泳、打篮球等,不仅是我父母希望,我也希望我自己能全方面发展,而且各个方面都要有所成就。正在我迷茫、准备全面发展的时候,我的老师找到了我。"

画家继续说:"老师拿来一个漏斗和一把玉米种子,让我把手放到漏斗下面接着。老师先把一粒种子放到漏斗上,那粒种子很顺利地就滑落到我的手中了,如此再三,结果都是如此。老师把一把玉米种子都放到了漏斗上,但是因为玉米种子相互拥挤,竟然一粒种子都没有滑落到我的手上。这时,我才知道,我的人生目标太多,反而会得不偿失,所以我必须找到一件自己最喜欢的事情,然后全身心地投入,这样我才能取得成功。为此,我放弃了篮球等诸多爱好,全身心地投入画画中来,最后才取得了今天这样的成就。"

故事中画家的感悟不可谓不深刻。人生有太多的牵绊,年龄越大,牵绊越多,如果我们被众多不必要的目标所左右,那么我们的人生将会变得杂而不精,长此以往,我们就很难取得大的成就了。心有多大,我们梦想的舞台就有多大。但是我们需要的是专一的目标,如果目标太多的话,舞台的负重就会变大,很有可能承受不住,最后免不了出现倾塌覆灭的危险。

很多人会问:世上的路有千千万,哪一条才是属于自己的康庄大道呢?答案是,能够吸引到你的就是最好的。我们每个人的一生会走无数条路，但是，能够让我们记忆深刻的道路就只有几条，而这几条路，有的让我们获得了成功，有的则让我们失败，但是自己觉得已经尽力了。尽自己的全力去做一件事，如果还是没有做成，就算失败了，我们也不会觉得后悔。

在人生的千万条道路中，要找到真正适合自己的道路，这样，我们才能发挥出自己的自律意识，才能够让自己不断为之奋斗。你可以在这条路上尽情地奔跑，因为你的激情在这条路上永远都会被感染而不会消退，因为你将会执着于自己的目标，它可以让对它感兴趣的人全身心地投入，永远不知疲倦。

有的人一辈子做了很多事，但是能让人记住的却一件也没有；有的人一辈子只做了一件事，却让人记忆犹新。成功者不是处处都比别人强，而是他们比其他人走对了几步路，而这几步路就是自律意识在起关键作用。

很多人总是习惯变换目标，今天确定的目标，明天就会对自己产生怀疑、见异思迁，把自己刚刚确定下来的目标否决掉。有的人常常想，人生目标要慢慢找，欲速则不达，就这样一直找到了最后，纵然到了人生尽头，这些人仍然没有找到属于自己的目标。目标要早早确立，我们在孩提时代就听老人们说过"三岁看小，七岁看老"。确立目标要趁早，奋斗更要趁早。没有目标的人生是可怕的，如此，你的人生将会像一叶浮萍一样，风雨的走向就成了你人生的方向，这样的人生是没有意义可言的。

专一的目标会带领我们走向成功，而在通往成功的路上，我们会感受到目标给我们带来的强大气场。我们都知道佛家以坐禅修身，而坐禅就是专一，就是要求心无杂念，如果心中想得太多、目标太多、尘世纷扰太多，就容易被影响，便根本做不到心无旁骛。目标专一并不是一纸空谈，比如"杂交水稻之父"袁隆平、"两弹一星"功勋奖章获得者钱学森、万有引力的发现者牛顿等，正是因为他们有专一的目标，永远都在路上奋斗，最终成就了他们伟大的一生。

我们知道，成大事者不拘小节，但是成大事者更要学会摒弃次要的目标，抓住主要目标，因为主要目标对我们的影响是最强大的，而目标太多，反而会让我们的自律意识分散，我们要做的就是抓住主要目标，舍弃次要目标，让所有的精神力量为自己的主要目标服务，这样，我们的目标才能离我们越来越近，而黎明的曙光也终将会到来。

第 8 章

如何管好自己的言行

你的一言一行都需要靠自律来约束，因为你的一言一行不是走过场，你的每一个动作、每一句话都会影响你身边的每一个人，也会影响到他们对你的看法。所以，越是感觉良好的时候，越要谨言慎行。

1. 谨言慎行不等于畏首畏尾

成功没有捷径，唯有谨言慎行。

"谨言慎行"是指一个人言行举止小心谨慎，能够时刻保持自律自警。从字面上来看，给人的感觉与"畏首畏尾"有些相近。其实，这两个词有着天壤之别。一些人因过分小心谨慎、流于畏缩，我们可以说其"畏首畏尾"，这与"谨言慎行"的本意可谓背道而驰，只能说他们矫枉过正。

语言是交流思想的工具，但也是引起各种祸端的理由。说出去的话就像泼出去的水一样，很难收回，所谓覆水难收就是这个道理，况且多言取厌、轻言取侮、言多必失。所以,《曾子·修身》上说:"行欲先人,言欲后人。"这就要求我们说话要经过深思熟虑,只有这样才不会流于胡言乱语招惹是非;做事要说做便做,不拖泥带水,只有这样才能养成雷厉风行之性。

之所以要谨言慎行,是因为言语行为谨慎对于一个人立身、处世具有很重要的意义。古往今来,成大事者无不是善于谨言慎行的人。也许你还不知道那些不经大脑的言行会为自己和别人带来多少麻烦,而那些麻烦又会为自己和他人的人生留下一个怎样的烙印。

张爱丽待人非常热情,经常给朋友以热情的帮助,可是周围的人总是很讨厌她。原来,张爱丽在交往中总是会违背言语交际的原则。因此,虽然她主观愿望很好,结果总是帮了忙还不惹人喜爱,事与愿违。

实际上,熟人、朋友之间为增进感情而交际,说话"随便"一点儿压根没有什么。但是,这种"随便"应该掌握好分寸,应该有一个合适的"度"。因为我们每个人心灵中都有自己最隐私的一面。所以在交谈的时候,我们应该顾及对方的自尊,以免让他人陷入难堪的境地。

而张爱丽却完全不考虑这些,她曾对一位很胖的女同事高声说:"哟,你怎么又长膘啦?你爱人净弄什么好的给你吃,把你喂得这么肥啊?"

张爱丽本没有一点儿的恶意,但是这些话语无疑激起了对方的厌恶,使对方从内心深处讨厌她,不仅达不到亲近的交友目的,反而拉开了双方的心理距离。

失去丈夫是人生中最不幸的事情之一，一位好朋友刚刚死了丈夫，正处在守丧期间，张爱丽为了让她不难过，便非常热情地邀请她去看最新出的喜剧片。她笑嘻嘻地说："装什么装啊！这下子没有人管你了，乐一乐。"这种自认为亲近他人的说话方式无论如何都是非常令人难以接受的，会无情地伤害对方。

我们也许都有这样的体会，生活中往往出现很多这样的情况：有的人在行为上、物质上热心地帮助了别人，但由于在特定场合下措辞不当，使对方的感激之情烟消云散，甚至还产生了反感之情。毫无疑问，张爱丽就是这种人。

张爱丽的言行就是生活中正确说话的一面镜子，我们在言语交际的过程之中一定要引以为戒，不管是说话还是做事，我们一定要能管住自己，不能想到什么说什么、想起什么做什么，这就是没有自律的体现。一个自律的人能够管住自己的言行是最基本的素养，那些口不择言、做起事来不考虑别人感受的人，一定不是自律的人，也很难获得成功。

尤其是在现代复杂的社会环境下，如果我们不注意说话的内容、分寸、方式和对象，往往就会祸从口出。正像人们常说的那样：你不说话，别人不会以为你是傻瓜。愚蠢的人用嘴说话，聪明的人用脑说话，智慧的人用心说话。

因此，谨言慎行乃君子之道，我们应该学会为自己的言行负责，而不是为它们付出代价。

2. 谦虚做人，谨慎做事

如果想要追求成功，就必须要保持谦虚，因为只有做到谦虚，你才能不断进步。

山原本高大，但处于地下，高大就显示不出来，所以人们往往看到的只是冰山一角。对于人来说，虽然德行很高，但能自觉地不显扬，这就是我们说的谦虚之美德。也就是说，谦虚是有才华而不自以为有，有很高的才能和品德却不去自我表现。

任何人在潜意识里都是争强好胜的，自负是人的本性之一。喜欢表现自我本来是人的一种正常的欲望，但任何事物都是过犹不及。生活中，我们经常会遇到一些总爱过度表现自己的人，他们总喜欢指出别人这件事做得不合适，那件事做得过分，似乎他们什么都行，对什么都可以说出个所以然来。他们之所以摆出这样一副"万事通"的面孔，就是唯恐被人轻视。这种自负其实恰好是自卑心理的曲折表现。本来，他们炫耀的目的就是要提高自己的地位，殊不知，这样做的结果只能使他们更捉襟见肘、遭人厌恶。东汉末年的杨修就是这种人。

杨修以才思敏捷、颖悟过人而闻名于世，他在曹操的丞相府担任主簿，为曹操掌管文书事务。

一次，北方来人向曹操进献一盒精心制作的油酥，曹操开盒尝了尝，觉得味道很好，因此连说了两声"好"，随即盖上盒盖，在盒上题写了一个醒目的"合"字后便走开了。

曹操的侍从们凑到了一起，七嘴八舌地议论起来，谁也不知曹操的葫芦里卖的是什么药，决定请杨修来琢磨琢磨。杨修来后，思索了一会儿，便动手打开这盒油酥，一个老文书连忙说："不要动，这可是丞相喜欢吃的呀。"杨修对大家说："正是因为它味道好，丞相才让我们一人一口分了吃的。"老文书不解地看着杨修，杨修淡然一笑说："这盒盖上的'合'字不正明白地告诉我们'一人一口'吗？"后来曹操得知杨修猜中了他的心思，心中不禁顿生妒忌之意。

建安十九年春，曹操亲率大军进驻陕西阳平，与刘备争夺汉中之地。刘军防守严密，无懈可击，又逢连绵春雨，曹军出战不利。曹操见军事上毫无进展，颇有退兵的意思。

这天，曹操独自一人吃着饭，同时也在思考下一步的行动。一个军令官前来请示曹操，问当晚军中用什么口令。因为军中规定每晚都要变换口令以备哨兵盘查来人。此时，曹操正用筷子夹着一块鸡肋骨，于是脱口而出："鸡肋。"军令官听后并没有觉察出什么奇怪。

消息传到杨修耳朵里，他便整理笔札、行装，做离开的准备。一个年轻的文书见状后问道："杨主簿，这天天要用的东西有什么好收拾的？明天还不是要打开吗？"

"不用了，小兄弟，我们马上就可以回家了。"杨修诡秘地一笑说。

"什么？要回家了？丞相要撤退，连点儿蛛丝马迹也没有呀？"小文书不解地看着杨修。杨修淡然一笑说："有啊，只是你没有察觉到罢了。你看,丞相用'鸡肋'做军中口令,'鸡肋'的含义不就是'食之无肉,弃之可惜'吗?丞相正是用它来比喻我军现在的处境。凭我的直觉,丞相已考虑好撤军了。"

消息又传到夏侯惇那里,夏侯惇听了也觉得有理,便下令三军整理行装。当晚,曹操出来巡营时一见,大吃一惊,急令夏侯惇来查问,夏侯惇哪敢隐瞒,照实把杨修的猜度告诉了曹操。对杨修的过分机灵早已不快的曹操这下子抓到了把柄,立即以惑乱军心的罪名把杨修给杀了。

后来的事实证明,曹操虽杀了杨修,但最终还是下令退离了汉中。然而,就杨修而言,他早晚必死无疑,因为他五次三番地恃才傲物,逞口舌之快,不知道收敛自己、节制自我表现欲,而把小聪明用在一些无用的小事上面,又不顾忌上下尊卑,随心所欲地言行。毫无疑问,正是因为他的不谨言慎行才招来了杀身之祸。

当然,并不是说我们不能表现自己,有时候,我们可以适当自我表现一下,但一定不要太锋芒毕露,可以用谦虚谨慎的行为来压淡"表现"的棱角,这样才算是两全其美,既不灼伤自己,也不会招致别人的忌妒。

一个人有才能是件值得佩服的事,如果再能用谦虚的美德来装饰,那就更值得敬佩了。事实上,没有一个人能够有足够的资本骄傲,因为任何一个人即使在某一方面有很高的造诣,也不能够说他已经彻底精通,任何一门学问都是无穷无尽的海洋,都是无边无际的天空……所以,谁也不能够认为自己已经达到了最高境界而停步不前、趾高气扬。如果是那样的话,则必将很快被他人赶上并超过。

虚怀若谷、虚心好学才能容纳真正的学问和真理，才能取人之长、补己之短，日益完善自己的影响力和人品。

爱因斯坦是20世纪世界上最伟大的科学家之一，然而他在晚年仍在不断地学习、研究。

当有人问他："您的学识已经非常具有影响力了，何必还要孜孜不倦地学习呢？"爱因斯坦并没有立即回答这个问题，他找来一支笔、一张纸，在纸上画上一个小圆和一个大圆，对那个人说："在目前的情况下，在物理学这个领域里可能我比你懂得略多一些，正如你所知的是这个小圆，我所知的是这个大圆。然而整个物理学知识是无边无际的。对于小圆，它的周长小，即与未知领域的接触面小，它感受到自己的未知少；而大圆与外界接触的这一周长大，所以更感到自己的未知东西多，会更加努力地去探索。"

爱因斯坦一席话，真是令人回味无穷。

的确，只有谦虚才能学得更多的知识。人外有人，天外有天，我们懂得的一切都没有什么了不起的，更不要说处处表现自己、好为人师了。

不论你的目标是什么，如果你想要追求成功，谦虚都会是你必要的特质。在你到达成功的顶峰之后，你会发现谦虚更重要，只有谦虚的人才能得到智慧。

3. 该低调的时候绝不狂妄

低调做人,保持低调的姿态,你会一次比一次稳健。

在生活中,我们会发现有这样一种情况:一个人一文不名的时候显得比较谦虚,但一旦得势后便居功自傲、恃才傲物、盛气凌人,再也不低调了。这样的人,就是缺少自律的心境,他们会随着自己处境的变化而放任自己的负面情绪。

按照系统论的观点,任何一件事都不是孤立存在的,而是只能存在于一个系统之中。想一想宇宙之大、人际之繁,一人之功、一己之才算得了什么?更何况每一个人的"功"和"才"都是要靠着别人的帮助才能实现的。所以,才大而不气粗、居功而不自傲才是做人的根本。

如何能在飞黄腾达之后保持自己的低调作风?答案是需要人的自我约束、自律。

保持低调的自律确实很难,家财万贯、掌握大权,却还能低调做人、谦虚谨慎,对于每一个人来说都不太容易。所以,我们一定要有足够的自律精神,要管住自己那颗势力之心。

我国明末著名大学者顾炎武认为,做人的最大美德就是低调自谦。他说:"昔日之所得,不足以自矜,后日之所成,又不容以自限。"

一个人如能感到自己的"吾不如",就必然会感到自己尚有"吾不知"和"吾不足",只有这样的人才能真正具有虚怀若谷的品德。众所周知,普京喜欢柔道,有人问他:"柔道对你最大的好处是什么?"普京说:"柔道能锻炼人的勇气,在和人竞技的过程中能看到自己的不足和对手的长处,让练习者懂得尊重对手和保持谦虚。"这就是所谓"吾不如"的境界。

一个人到达了"吾不如"的境界,就能很容易体会到自己的不足。金无足赤,人无完人。即使自己做得再好,也还会有很多不足。越是有自知之明的人,越会知道自己的不足。明代大家方孝孺说过:"人之不幸,莫过于自足。"只有知道自己的不足才能找到前进的目标和动力。

老子认为"兵强则灭,木强则折""强梁者不得其死"。老子的这种与世无争的谋略思想深刻体现了事物的内在运动规律,已为无数事实所证明,成为广泛流传的哲理名言。

曾国藩的家书中曾经记载过这样一件事,1858年,曾国藩带领的湘军在与太平天国的战争中节节胜利。而此时,曾国藩的九弟,也是湘军将领的曾国荃开始变得趾高气扬、不可一世。曾国藩知道后,在一个月内连续两次给曾国荃写信,他在一封信中写道:

"自古以来,因不好的品德招致败坏的有两个方面:一是长傲,二是多言。尧帝的儿子丹朱有狂傲与好争论的毛病,此两项就归为多言失德。历代名公高官败家丢命的也多因为这两条。我一生比较固执,很高傲,虽不是很多言,但笔下语言也有好争论的倾向……沅弟,你处世恭谨,还算稳妥,但温弟却喜谈笑讥讽。听说他在县城时曾随意嘲讽事物，有怪别人办事不利的意思，应迅速改变过来。"

曾国藩之所以给他弟弟写这封信，就是因为他知道自己的弟弟在权力到手之后很难保持自律，可能会放任自己的言行，所以他才刻意写这封信，提醒他弟弟自律、低调。这封信不仅对他的弟弟有警示作用，同时也告诉我们：人要保持内敛的心态，不要高谈阔论，即使与人谈话，话题也不能永远以自我为中心，不要随便把自己心中的牢骚倾诉给别人，因为你无法保证你的倾诉对象将来不会成为你的敌人。更不要意气用事，那些真正有本事的人都能沉得住气，管得住自己的嘴，以免言多语失。

话说得少，从不妄语，会使人变得有涵养，也更容易显现出自己的威严。相反，不懂得低调的人往往高谈阔论，殊不知，言多必失，到头来反而被他人抓住把柄，让自己陷于被动之中。

富兰克林是美国的政治家、科学家，《独立宣言》的起草人之一，他在美利坚合众国创建时做出了许多功绩，故有"美国之父"之称。

一次，富兰克林去拜访一位前辈，当他准备从小门进入时，因为小门低，所以他的头被狠狠地撞到了。出来迎接他的前辈看到这一幕，语重心长地对他说："很痛吧！这或许是你今天拜访我的最大收获。一个人要想在这世上好好活下去，就必须时时记得低头，这也是我要教你的事情。"

正如富兰克林的前辈所说，人在世上，不管是身居高位还是春风得意，都应该保持低调的行事风格。

一个人做出张牙舞爪的高调行为，非但不会受到他人的尊重，反而会让他人看轻。其实，想要显示出自己的霸气，想要树立威信，那么不妨学会"沉默是金"的低调。

4. 倾听比倾诉更倾心

倾听，能让你获得更多的朋友；倾听，是了解一个人的最佳方式。

在人际交往中，我们常容易犯一个毛病，那就是自己侃侃而谈，完全不顾及别人的感受，这样会很容易让身边的人感觉你比较浮夸、过于自我。所以，我们应该自律一些，让自己把更多的时间用于倾听，多听取身边人的意见或者建议，给他们空间和时间，多去体会他们话语的意思，这样，你身边的朋友才会注意到你，才会对你有一个好印象，这是一种倾听的自律，它会让你更加智慧，更能赢得别人的好感。

侧耳听智慧，专心求聪明。每个人都希望被别人了解、理解，所以，人们才有了说话的欲望以及表现自己的欲望。但是，凡事有度，如果话太多，只会让别人反感。我们应该做的是设身处地地为他人着想，站在对方的角度去思考问题，管好自己的嘴巴，该说的时候说，不该说的时候就认真地听，这样才能让身边人感到你对他们的尊重。

很久以前，有一个小国派使者到中国朝拜，这名使者带来了3个一模一样的小金人，活灵活现，皇帝非常高兴。使者不仅送来了3个金人，而且提出了一个问题："这3个金人哪个最有价值？"

皇帝想了很多办法，命人去称3个金人的重量，并且让能工巧匠去研究小金人的做工，但是比较了半天，也没发现这3个金人有任何差别，皇帝便着急了，心中质疑：天朝上国怎么能连小国的问题都答不出来？

这时，有一位大臣站了出来，他准备了3根稻草，当稻草插入第一个金人耳朵里的时候，就从另外一只耳朵里出来了；当稻草插到第二个金人耳朵里的时候，就从嘴巴里出来了；当稻草插入第三个金人耳朵里的时候，就到了肚子里，再也没出来。

大臣说："第三个金人最有价值。"

皇帝若有所悟，奖赏了大臣。使者听了皇帝的答案后也点头称是："真正有能力的人，是会倾听、会思考的人，而不一定是最能说的人。"

最有才华的人不一定是最能说的人。老天给了我们一张嘴巴和两只耳朵，为的就是要我们少说多听。生活中，我们要善于倾听，只有用心去倾听，才能及时了解别人的想法；善于倾听才是一个人成熟的表现。

有些人认为，自己说话越多，就显得越有才华。其实，这种想法是非常错误的，真正有大智慧的人绝不会滔滔不绝，而是会聚精会神地倾听。倾听是舌灿莲花的前提，倾听要有侧重点，要学会过滤，只有这样，倾听的重要作用才能发挥出来。

倾听是一种智慧。当你在意某个人的时候，你才会愿意静下心来倾听；反之，如果你对这个人不怎么看重，也就不会有这样的耐心了。倾听更是一种慈悲，因为你可以站在对方的立场去思考问题、去帮助对方解决问题，这才是真正的朋友应该做的。

舍弃不必要的话语，认真倾听，才能听懂一个人的心。等到你专心听完对方说的话之后再发言，就会显得更有力度。放下说话的冲动，先去倾听，听到别人的需求，才能用最简单的话语打动对方。

倾听可以让我们感受到对方心底的声音，如果我们只是滔滔不绝地去说，只会让最真实的声音消失。倾听可以给别人一种随和的感觉，还可以让别人感觉到你的真诚。倾听是我们每个人内心的需求，我们需要别人了解自己，需要朋友知心，最重要的就是需要对方的倾听与理解。

俯下身去倾听，往往可以听到别人心底的声音，不管如何，你愿意听，对方愿意说，这样才能让彼此之间的关系更加融洽。不要过于虚荣，总想展现自己，这样只会让你丢失对别人的尊重，如果长此以往，你就会失去越来越多的朋友。

知人知面，不如知心，知心要从哪里开始？知心就要从倾听开始，倾听是了解一个人的最佳方式，倾听能让你在最短的时间里了解到别人更多的信息，只有通过倾听，你才能获得越来越多的朋友，而成功也将会在下一秒钟出现。

5. 退一步方能海阔天高

忍一时风平浪静，退一步海阔天空。学会忍让，误解就能变成谅解。

人们常说，病从口入，祸从口出。说话的时候很有可能出现歧义，会让别人误解，这就要求我们学会"说话"，让自己说错的话语在脑海里沉淀一下，然后再想想让误解消失的方法，这就要求我们顺着对方的思路说，慢慢把对方带到自己的思路中。一个人是否成熟、是否自律，能不能管住自己的嘴是一个很重要的标准。

在现实生活中，经常会出现言者无心，听者有意的情况。也许我们感觉自己说的话是很好的，但是传到别人耳中也许就不是如此了。被误解是人之常情，毕竟，我们从嘴中说出的话语是我们内心的表达，而对方又不是我们肚子里的蛔虫，无法知道我们话语中所要表达的正确思想。但是面对别人的误解，我们需要控制自己的逆反情绪和攻击欲望，适当忍让，然后再去解释，用简单易懂的语言来阐述自己的思想，这样才会消解对方的怨气。这就需要我们有足够的自律来控制自己的言行。

韩岩是一家汽车维修公司的老板，但是公司效益却一直都不怎么好,这让他很是苦恼。为了找到答案,这天他决定悄悄地跟着自己的员工小郑,想看看他究竟是如何与客户沟通的。

小郑从公司出来,来到了一家咖啡馆,一位意向客户正在那儿等他。与那位客户见面后,小郑说:"王先生,贵厂的情况我已经分析过了,我发现你们自己维修花的钱比雇用我们干还要多,是这样吗?那么您为什么不找我们呢?"

王先生点了点头,说:"对,确实是这样,我也认为我们自己干不太划算。不过,我承认你们的服务不错,但你们毕竟缺乏电子方面的……"

听到这里,小郑打断了他的话,急忙解释道:"王先生,请您允许我解释一下。我想说,任何人都不是天才,修理汽车需要特殊的设备和材料,比如真空泵、钻孔机、曲轴……"

王先生没有生气,心平气和地说:"你说得有道理。但是,你误解了我的意思,我想说的是……"

"我知道,我明白您的意思。"还没等王先生说完,小郑又一次打断了他,"可是,就算您的部下绝顶聪明,也不能在没有专用设备的条件下干出有水平的活来……"

看到小郑五次三番地打断自己,王先生不免有些生气了,冷冰冰地说:"你能让我把话说完吗?你还没有弄清我的意思,现在我们负责维修的伙计是……"

"王先生,你想说什么我都知道!"小郑没有发现对方的不满,只顾自己说道,"现在,王先生,请您给我一分钟,我只说一句话,如果您认为……"

终于,王先生忍无可忍了,他站起来狠狠地拍了下桌子,吼道:

"行了！别说了！你现在可以走了，以后你也不要联系我了。"

躲在远处的韩岩看到这一切，不由得满脸通红。回到公司，韩岩狠狠地批评了小郑一顿，并亲自拜访了王先生，他主动向王先生赔不是，还认真听取了王先生的建议，尽量消除了王先生的误解，让双方的合作得以继续进行。

五次三番打断对方的述说正是小郑失败的关键原因。他无法控制自己的言行，所以才会导致一次营销的失败。其实，在任何时候，我们都要学会忍让，这是每个人在任何岗位都应掌握的，因为退让可以消除误解，可以让我们站在对方的角度去思考，说出让对方能够坦然接受的话语，只有这样，双方才能相互理解，展现出交流沟通中最美好的一面。

往前一步是黄昏，退后一步是人生。适当的时候，学会退让就是成功。说话也是如此，当你希望把自己的思想传达给别人的时候，就应该学会忍让，做事说话都要留一线。只有管好自己的嘴，才能让自己少犯错误。

张谦和王雪青梅竹马，在学生时代，两个人都很好强，当时，张谦的眼中只有学业和爱情，并没有感受到多大的压力。王雪发火的时候，张谦总是习惯性地温柔劝解，忍让着王雪。

张谦和王雪大学毕业之后就结婚了，从大学到工作，张谦和王雪都完成了人生的转变，有了自己的家庭，两个人感觉自己肩上的担子又重了。

王雪每天仍然会有不愉快，每天都会为了一些鸡毛蒜皮的小事和张谦争吵。张谦初入职场，工作的压力便铺天盖地地压到了他的身上，这已经达到了张谦的心理极限，再加上王雪每天发牢骚，这让张谦实在不能忍受。

人都有个忍耐的限度，工作的压力让张谦没有发泄对象，对待王雪的牢骚，张谦就再也没有往日的温柔细语，取而代之的却是无情的反驳。

几个月之后，他们之间的矛盾更加激化，两个人谁都不愿让步，最终，两个人选择了离婚。

生活中，人们每天都要背负众多压力，谁都想回到家中卸下一天的疲惫，如果连这点儿要求都满足不了，只会让爱情支离破碎。其实在其他地方也一样，在遇到口角之争时，我们不妨变得自律一些，管好自己的嘴，让自己退让一步，也许事情就会有转机。

6. 言不在多，达意则灵

要做到自律，还要约束自己的言行，千万不要滔滔不绝，因为那是与人沟通的大忌。

从一个个交际失败的事例中，我们最能体会出的就是"言多必失"。好的语言并不在于多么精美，扣人心弦则好。但是很多人往往管不住自己的嘴，常常是长篇大论，想说什么说什么，最后给自己带来了无尽的麻烦，所以我们需要自律来控制自己这张嘴。

某位著名艺术家的妻子是一位作家，也是一位企业家。有一次，别人问她会不会再嫁，她爽朗地回答说："我已经嫁给大海，就不能再嫁给小河了。"这句话非常简洁明快，但是意蕴之深刻绝对让人回味万千。

高尔基曾说："简洁的语言中有着最伟大的哲理。"在当前这个信息时代，我们的生活节奏加快了很多，人们都不再喜欢那些繁杂冗长的空话及套话。因此，我们说话要达到简洁明快、思路清晰。不过，不要因为词语贫乏而表达得词不达意、思维模糊、语无伦次。所以，我们在说话时应要求自己长话短说，要"过滤"出最精辟的语言，恰如其分地表达出自己的意思，能省略的语言就坚决省掉。

1863年11月19日，美国总统林肯应邀到一个仪式上演讲。不过，因为这次仪式的主讲人是艾弗雷特，林肯只是因为自己是总统才被邀请。所以，他排在艾弗雷特之后"随便讲几句适当的话"。艾弗雷特是个著名的政治家，也是一个很有学问的教授，而且是当时被公认为全美最会演说的人，尤其是擅长纪念仪式上的演讲。因此，在这个典礼上，他那长达两个小时的演讲打动了到场的每一位来宾。

那么，在这样一种情况下，林肯该怎样讲才能和观众建立良好的互动关系，最终赢得大家的掌声呢？于是，林肯决定以简洁合理取胜。结果林肯大获成功，他的演讲只有短短的10句话，从上台到走下台来也不过两分钟，可掌声却整整持续了10分钟。

林肯的这场演讲不仅赢得了每一名听众的热情，而且轰动了整个美国，当时的报纸评论说："这篇短小精悍的演说是无价之宝，感情深厚、思想集中、措辞精练，字字句句都很朴实、优雅，行文完全无疵，完全出乎人们的意料。"

艾弗雷特也在第二天写信给林肯，他在信中说道："我用了两个小时才接触到了你所诠释的那个思想，而你仅仅用了两分钟就说得清清楚楚。"后来，林肯这篇出色的演讲词被铸成金文存入牛津大学图书馆。林肯的这次演讲获得巨大的成功，给了人们一个重要启示：简洁明快的语言会使我们说的话更有魅力。

在人际交往中，要想得到不错的效果，那么我们的语言必须简洁明快，要能使每一个倾听者在较短的时间里收获到较多而有用的信息。历史上曾记载了一些"前无古人，之后未必有来者"的冗长的演讲记录，但是这些演讲绝对不能称为优秀。

1933年，美国一位名叫爱尔德尔的国会参议员在反对通过"私刑拷打黑人的案件归联邦法院审判"的法案之时，他在参议院里整整演讲了5天。根据一位记者统计，他在演讲台总共踱了75公里，吃了300个夹肉面包，做了大约1万个手势，还喝了大概40公斤饮料。

1957年，斯特罗姆·瑟蒙德在阻止"民权法案"通过时发表的演讲整整历时24小时18分，结果还是以失败告终。

1812年，英美战争期间，一个美国议员希望用马拉松式的演讲来阻止美国国会通过对英宣战的决议。于是，这位议员一直说个不停。时至半夜，听众席上早已经是鼾声四起，最后，一个议员气急之下将一个痰盂甩到演讲者的头上，这场演讲才结束，而国会最终通过了宣战决议。

"言不在多，达意则灵。"字字珠玑、简练有力能够让人有谈兴；而拖拖拉拉、语句唠叨、不得要领，肯定会令人生厌。世界历史上，不少演讲大师都惜语如金、言简意赅，因此留下了许多"善辩者寡言"的典型。

例如，最短的总统就职演说——1793年华盛顿总统的就职演说仅仅用135个字便说完了一切，最后举世闻名；恩格斯在马克思墓前的演说总共只有1260个字而已；列宁在马克思、恩格斯纪念碑揭幕典礼上的讲话也只有552个字；1984年7月17日，已经快40岁的法国新总理洛朗·法比尤斯发表了短得出奇的演说，演讲词只有两句："新政府的任务是国家现代化，团结法国人民。为此要求大家保持平静和表现出决心。谢谢大家。"措辞委婉利落，内容精辟有深度，绝对是最好的演讲。

简洁明快的语言能够大大提升人的认识能力和思维能力，也是这两项表现的高超载体。因此，话语的简洁经常体现出说话人分析问题的快捷和深刻；简洁明快的语言体现出的是果敢决断的性格。作为自信心强且办事果敢的人，他们说话时都干脆果断，从不会拖泥带水。说话简洁往往会给他人一种很有激情的现代人的感觉。

所以，简洁明快的话语应该还是时代风貌的一种反映。简洁的话语就是不占用听者太多的时间，而且必须能使听者觉得说话者很尊重他。

对于人来讲，一言一行看起来简单，却需要管好自己，不能过于放纵自己的言行，这就需要我们用自律来约束自己。

第 9 章

如何管好自己的时间

时间对于每个人来说都是平等的。每个人一天的时间都是 24 小时，没有人会多一分钟或少一分钟。所以，决定个体生命高度和质量的不是时间本身，而是把握时间能力的大小。如何才能在最有限的时间内做最多的事情是我们一生都要思考的课题。

1. 学会控制好时间

能够合理、高效地管理自己的时间，才能创造比别人高的时间效益。

一个自律的人，首先应该是一个管理时间的高手。

所谓时间管理就是指在同样的时间耗费状态下为提高时间的利用率而实施的控制工作。我们可以通过对时间管理克服浪费时间的坏习惯，从而使我们的行动更有效率。实践也表明，那些高效能人士都有着非常好的时间观念和强烈的事业心，他们对于时间有着非常强的紧迫感,因此他们总是能自觉、科学地去管理好自己的工作时间。

世界著名管理学大师彼得·德鲁克在总结有效的管理者应具备的素质时说:"我们要对自己提出5项要求,其中第一项就是对于时间的管理。"他还说:"高效能的管理者一定要清楚他们将时间应花在什么地方。他们所能控制的时间并不是无限的,因此他们必须学会系统地安排时间,这样才能充分利用有限的时间资源。"他还大声疾呼:"时间是最宝贵稀缺的资源。除非时间能够被妥善地管理,否则所有的工作都将无法被妥善管理。"可见,时间管理是否成功绝对能影响一个人事业的成败。

罗伯行·列文教授在《时间地图》一书里提出:"当手表上的时间支配了一切,时间就会变成有价值的商品。手表时间观的文化将我们的时间视为一成不变的、直线式的,且是完全可以衡量测定价值的商品。所以,我们必须牢记富兰克林曾经提出的忠告:'千万不要忘记,时间就是金钱。'"

如今,我们常常引用富兰克林的那句"时间就是金钱"来表现时间的弥足宝贵。而在古老的中国,古人也曾经以"一寸光阴一寸金"来形容时间的宝贵。

假设以一个人一年的收入为标准,那么不同年薪的人1小时或1天的价值就截然不同。时间绝对是有价的,时间也绝对是无价的,因为谁也没有办法用金钱去衡量时间,它无法像金钱一样蓄积。正因为此,我们的老祖先才说"寸金难买寸光阴";也正因为此,我们必须要学会对时间进行管理,让自己变成一个高效能人士,能够通过对时间的高效管理让自己在有限的时间内创造出比别人高得多的时间效益。

在我们的日常工作和生活中，管理时间就是要着眼于当下。要知道，我们的所有工作不是都非常着急，更不是都非常重要的。

在时间管理上，我们不妨采用"ABC控制法"。所谓"ABC控制法"就是根据工作中的各个项目的重要和紧迫程度按照最重要、重要和不重要3种情况划分为A、B、C，然后有区别地去管理时间的有效方法。

查尔斯·舒瓦普曾在担任美国伯利恒钢铁公司总裁一职的时候，向当时的管理顾问艾维·利提出了一个非同寻常的挑战："请告诉我，该怎么做才能在办公的时间内做正确的事？如果您给了我满意的答复，那么我将支付给您一大笔的咨询费。"

于是，艾维·利递了一张纸给他，并对他说："把您明天必须做的事情写出来，先从最重要的那一项工作写起，写完之后，再按照纸上写的去做，直到完成所有的工作为止。然后，您再重新检查您的工作次序，看看有哪个漏掉了。倘若其中有一项工作直接花掉了您整天的时间，那么您也不用担心，只要您手中的工作是最重要的，那么就请您继续坚持做下去。如果按这种方法，您依旧无法完成所有的重要工作，那么换用其他的方法也同样无效。如果您能将上述的这些变成每一个工作日里都能去坚持的习惯，那么我这个建议对您产生良好的效果时，您就该给我支付那张大额支票了。"

几个星期之后，查尔斯·舒瓦普寄了一张25000美元面额的支票给艾维·利，并附言他确实改变了他的工作效率。可以说，伯利恒公司后来能够成为世界上最大的独立钢铁制造企业，跟艾维·利有着巨大的关系。

实际上，艾维·利给查尔斯·舒瓦普提供的就是 ABC 控制法。
"ABC 法"的操作过程是这样的：

A：最重要的工作，这类工作为"必须做的事"，例如，约见非常重要的客户、重要的日期临近、能给你带来成功的机会等。

B：较重要的工作，指"应该做的事"。这类工作比较重要，但比起 A 类事务来说不是非常重要。

C：次重要的工作，指"可以去做的事"，相对前两类工作，这类工作是价值最低的。这类工作可以靠后，如果的确没有时间去做，就可以授权其他人去做，甚至完全忽略。

通过上面的讲述，具体到我们的工作中，就先要对所有工作按其重要性进行规划，对 A 类工作，我们应该毫无疑问地要进行重点的管理；而对于 B 类工作，就要进行比较重要的管理，对 C 类工作只需要一般管理即可。这样做的好处就是能够让我们在有限的时间里以最快的速度去处理好最重要的事情。

我们自然也可以将工作按重要程度分为 A、B、C 三个类别，分别写在三张白纸上，把相对重要的 A、B 两张放在 C 上面。这样一来，当我们要从事 C 类工作的时候，马上就会意识到 A、B 两类工作还没有做完，从而更好地运用时间。

一个人一天所做的事情，其重要程度不同，同样，一个人一天的精力分配也是不平衡的，因此有必要根据自己的精力合理安排、使用好时间。

在制定工作日程之时，我们往往会因工作性质、工作状况和个性不同进行不同的安排。总体来说，应遵守以下几个原则：

1. 将重要的工作项目作为中心项目，制定一天的工作日程。

2. 将今天必须第一个要做而且坚决要做完的工作列为中心，制定一天的工作日程。

3. 将工作日程与自己的身体状况和能量曲线进行相应的匹配。在精力充沛之时，尽量去做那些最富有创造性又最有挑战性的工作项目。

2.合理利用时间，使其增值

时间是世界上最弥足珍贵的资源，它不可存储，亦不可透支，只能掌握一种合理使用它的方式，使时间增值，如此，你才能成为赢家。

在成功者的眼里，时间是一种比金钱更有价值的东西。所以，浪费时间的后果就等于浪费了更多的金钱，所以成功者是绝对不会浪费时间的，他们对自己时间的管理是十分精细的。

对于时间管理的精确把握来源于自律精神，这种自律精神不是一味蛮干的自我约束，而是对时间的支配。我们都有这样的体会：在和一些人约会时，不是说要约到几月几号，必须要精确到几时几分才行。对于他们来讲，迟到是绝不容许的事情，在他们处理文件的时候，所有的客人都要等候。就是这些时间的细节让他们的效率变得更高，让他们的财富积累速度更快，也让他们更成功。

很多人对于时间的精确控制体现在他们的工作上，下班铃声一响，即使是打字员还有10个字没打完，他们也会立刻走人。不要以为下班就走的打字员不够自律，相反，他们拥有极强的自律精神，否则他们也不可能按照自己的时间表来约束自己的一切行为。时间观念让拥有自律的人工作效率大大提升。

犹太人非常善于管理时间，他们喜欢把时间与金钱进行换算。有位月收入为20万美元的犹太商人曾经算过这样一笔账：他每天可以挣到8000美元，那么平均下来每分钟就有17美元的进项。如果有人浪费了他5分钟的时间，就相当于他被偷了85美元。因此，犹太人在工作时会拒绝一切没有预约的访客。

有这样一件事可以反映犹太人对于时间和金钱关系的处理方式，日本一家著名百货公司的年轻职员为了在纽约搞一个市场调查而直接跑到了一个犹太人开的百货店，贸然叩开了该公司宣传部主任办公室的大门，对这个主任说他需要对方的5分钟时间来做一个调查，但是这位犹太人却毫不犹豫地拒绝了同行的这个要求，并且说："我之所以拒绝你，是因为你没有预约，而现在我在工作，不允许任何人来打扰我，你的到来会对我的工作造成不利的影响。"

对于坚信"时间就是金钱"的犹太人来说，"不速之客"是妨碍他们工作的绊脚石，除了拒绝他们，再没有更好的办法了。

很多人在谈判的时候喜欢用一些无关紧要的话作为话题的开始，

比如说："今天天气不错啊！"等，但是成功者则更喜欢直奔主题，他们在做事的时候会把每一分钟的时间都利用到实处。

钻石商巴奈·巴纳特是南非的首富。最开始，他带着40箱雪茄烟作为原始资本来到南非。他把这些雪茄烟与钻石矿上的商人换取了一些钻石，赚取了他的第一桶金。从那以后，在短短的数年间，巴纳特便成为一个富有的钻石商人和从事矿藏资源买卖的经纪人。

巴纳特的赢利周期很有特点，每个星期的周六是他挣钱最多的日子，因为这一天南非的银行营业时间比较短，巴纳特可以用更多的时间去购买钻石。而在这一天购买钻石，他不用掏现金，因为这一天银行不营业，所以他总是用空头支票来换取钻石。也许有人会说，这有什么用呢？一天以后，他不是还得付出相同的钱吗？大错特错，因为巴纳特这样做等于让原本已经不是自己的钱在银行的账户上多存了一天，对于钻石这种大生意来说，这一天的利息也是比较客观的。

从这个例子我们就可以知道犹太人对于时间的利用几乎已经到了不可思议的地步。当别人用力气赚钱的时候，他们就已经开始用时间赚钱了。也许就是这个细节、这种对时间的苛刻要求让他们比别人更快一步，拥有了比别人更多的财富。

在竞争激烈的市场中，谁在市场上第一个打出自己的王牌，谁就能获得比别人多得多的利润，尤其是现在人们经常会用到的电子产品，即使只比对手快一个月上市，那么比对手获得的收益就会多出不少。例如当年的电子手表，刚上市的时候每块卖到几十美元乃至几百美元，但是当这类产品逐渐多了起来之后，价格就在短时间内大幅度下降，每块售价只有几美元。因为犹太人比别人更注重时间的细节，所以他们能比别人快上几个月，因此他们能获得比别人多得多的利润。

时间虽然体现在细节上，但实际上却是决定成败的关键因素。根据众多的企业核算，经营费用中有70%左右都要花费在占用资源的利润上。如一个企业一年通过银行融资5亿元，如果不在第一时间让这些资金滚动起来的话，就要支付超过6000万元的利息。如果该企业能把握好一切时间有效利用这些资金，那么最少可以节约一半的利息。

每一个人的精力和时间都是非常有限的，怎样高效地分配精力与时间造成了普通人与成功人之间的差距。普通人总是将主要的时间与精力都放在一些无关紧要的事情上，而成功人士则把主要时间与精力放在最重要的事情上。不能高效地使用精力和时间，怎么会产生好的结果呢？

前美国国务卿基辛格曾经担任过哈佛大学教授工作，当他把自己所担任的总统顾问的职务与大学教授的工作进行了一番对比后，他说："之前，我总是按自己认为合理的方式去工作，把某一件事情做完为止。直到后来，我才发现，人必须把很多的工作放在优先次序中展开，并坚决去做优先要做的那些重要的工作。"

一位美国富商也说过这样的话："你所做的一切都必须是你认为的最重要的以重要顺序展开工作，就能够将工作做到最好。"

要想高效利用精力与时间，首先要合理地将工作按照紧急与重要程度进行划分，遵从重要性优先的原则，将你的大部分时间与精力都投入到很重要而不很紧急的工作中去,只有先完成重要而不紧急的工作,才能让自己更高效地工作。

因此,你千万别把重要的工作都推到最后去做,更不要整天总是集中精神在一些无关紧要的事情上。不要让自己被太多的琐事所缠绊,一定要留出足够的时间去处理紧急的工作。

是的,要想取得成功,首先要考虑的问题就是合理地利用时间。如果一个人不懂得如何去经营时间,那他就会面临被淘汰出局的危险。如果你能管理好自己的时间,那么你就能赢得时间能够给予的一切,就能赢得自己的未来。

有的人认为自己时间很多,但是有些人却唯恐时不我待。事实上,时间对每一个人来说都是一样多的。同样的时间,善于利用时间、善于安排细节的人可以多做很多事情。鲁迅先生曾经说过,时间如同海绵里的水,只要愿意挤,总还是有的。商人的时间也是如此,要想赚钱,首先就要学会挤时间。会赚钱的商人是很能精打细算地安排时间的。因此,要成功,就要合理地运用时间,别浪费空闲的时间。

3. 把时间用在刀刃上

成败与否，不在于你花多少时间去做事，而在于你是否做了该做的事情。

在一切以快制胜的现代社会，时间管理是现代人必备的一项工作技能，是提高一个人工作效率最有效的武器。一个人的工作是否有效率、是否具有满足感，在很大程度上取决于他是否能够合理地管理和利用好自己的时间。在最少的时间内做好更多的事，才能把时间用在刀刃上。

你也许会对社会上那些著名的企业家、政治家感到怀疑，他们每天有那么多事情要处理，还能将自己的时间安排得有条不紊。他们不但能抽出时间阅读自己喜欢的书籍，以休闲娱乐来调剂身心，并且还有时间带着全家出国旅行，难道他们一天的时间不是24小时吗？正确的答案是他们比别人更善于利用时间，并将它有效运用。

在美国企业界，与人接洽生意能以最少时间产生最大效率的人非金融大王摩根莫属。为了珍惜时间，他招致了许多怨恨，但实际上人人都应该把摩根作为这一方面的典范，因为人人都应具有这种珍惜时间的美德。

摩根每天上午9点30分准时进入办公室，下午5点回家。有人对摩根的资本进行过计算后说，他每分钟的收入是20美元，但摩根认为不止这些。所以，除了与他生意上有特别关系的人商谈外，他与人谈话绝不超过5分钟。

通常，摩根总是在一间很大的办公室里与许多员工一起工作，他不是一个人待在房间里工作，而是随时指挥他手下的员工按照他的计划去行事。如果你走进他那间大办公室是很容易见到他的，但如果你没有重要的事情，他是绝对不会接待你的。

摩根能够准确地判断出一个人来接洽的到底是什么事。当你对他说话时，一切拐弯抹角的方法都会失去效力，他能够立刻判断出你的真实意图。这种卓越的判断力使摩根节省了许多宝贵的时间。

如今，快节奏的工作和生活让很多人觉得紧张而忙碌。如果你想调剂好自己的工作和生活，就必须学会有效利用时间。善于利用时间不仅可以完成许多事情，还能拥有轻松自在的生活。

一位部门主管因为患有心脏病，遵照医生的嘱咐每天只上班三四个小时。他很惊奇地发现，这三四个小时所做的事在质和量方面与以往每天花费八九个钟头所做的事几乎没有两样。他所能提供的唯一解释便是：他的工作时间既然被迫缩短，他只好作出最合理有效的工作安排。这或许是他得以维持工作效能与提高工作效率的主要原因。

由此可见，做好时间管理、把时间用在刀刃上是提高工作效率、

提升工作价值的重要方法。那么,怎样做才能成为一名运筹时间的高手呢?下面提供几种能有效运筹时间的方法:

1. 把握时机

机不可失,时不再来,抓紧时间就可以创造机会。没有机会的人,往往都是任由时间流逝的人。很多时候,机会对每一个人都是均等的,行动快的人会得到它,行动慢的人会错过它。所以,要抓住机会,就必须与时间竞争。

2. 合理安排自己的时间

现代人从事企业工作,重要的是对于时间的管理。很多企业人十分辛苦,每天早出晚归、疲于奔命,但如果加以认真研究,便可发现,他们所做的许多工作是在白白浪费时间,结果大事抓不了,小事也抓不到,所以企业人应有自己的时间安排,抓住关键、掌握重点。

3. 利用好零碎的时间

争取时间的唯一方法是善用时间。

把零碎时间用来从事零碎的工作,从而最大限度地提高工作效率。比如,在车上时、在等待时,可用于学习、思考或简短地计划下一个行动。充分利用零碎时间,短期内也许没有什么明显的感觉,但经年累月将会有惊人的成效。

4. 利用"神奇的 3 小时"

被人们称为时间管理大师的哈林·史密斯曾经提出过"神奇的 3 小时"的概念。他鼓励人们自觉地早睡早起,每天早上 5 点起床,这样可以比别人更早展开新一天的活动,在时间上就能跑到别人的前面。利用每天早上 5 点至 8 点这"神奇的 3 小时",你可以不受任何人或事的干扰，做一些自己想做的事。每天早起 3 小时就是在与时间竞争，养成早起的习惯，就会让你受益无穷。

5. 在更少的时间内做更多的事

我们不论干什么事情都要讲求效率，效率高者事半功倍，反之则事倍功半。

正如哈林·史密斯所说："工作中，经过不断地失败，我逐步地发现如何在同样的时间内做更多的事情是值得每一位希望有效管理时间的人认真思考的问题，因为只有这样才能使自己获得更多的时间，也才能遇到更多的机遇。"提高时间利用率、让时间增效是做好时间管理的重要方法。

4. "二八法则"记心中，关键的 20% 不落空

要分清轻重缓急，不要眉毛胡子一把抓，更不要用平均的精力去处理问题，否则只能一事无成。

对每个渴望成功的人来说，时间是最重要的资产，但任何一个人的时间都是有限的。如何做呢？学会有效地管理时间，高效地运用每时每刻，把 80% 的时间花在能获得关键效益的 20% 的事情上。

金钱可以被储蓄，知识可以被累积，时间却是不能被保留的，也是非常有限的，我们必须有时间管理观念，控制好时间的钟摆。

唯有如此，我们才能摆脱忙碌紧张的状态，有更多的时间做对的事情。

在实际生活中，我们经常看到有些人"两眼一睁，忙到熄灯"，整天忙得不可开交，像是陷入了忙碌的旋涡之中，但是事情却不见得有什么大成效。仔细分析后将会发现，究其原因，不懂时间管理是首要原因。

美国的时间管理之父阿兰·拉金说："勤劳不一定有好报，要学会掌控你的时间。"掌握时间的钟摆，首先要明确工作的主次。不分轻重缓急地工作，把时间用在没有多大意义的事情上是浪费时间的首要原因。

我们先来看一个例子。

著名的设计师安德鲁·伯利蒂奥曾经是一个疲于奔命的工作狂。

他每天把大量的时间用在设计和研究上，除此之外，他还负责公司很多方面的事务。他风尘仆仆地从一个地方赶到另一个地方，不放心任何人，每一件工作都要自己亲自参与了才放心，所以他看起来忙碌极了。

"为什么你整天忙得晕头转向？"有人问。

安德鲁无奈地说："因为我管的事情太多了，而我的时间又太少了！"

时间长了，安德鲁的设计受到了很大影响，常常到最后关头才拿出作品，并且因为时间紧凑，作品的质量常常不尽如人意，更别提取得令人骄傲的成绩了。安德鲁对此很不解，便去请教一位教授。

教授给出的答案是："你大可不必那样忙。管理好你的时间，做对你的事情就行。"

正是这句话给了安德鲁很大的启发,他在一瞬间醒悟了。他突然发现自己虽然整天都在忙,但能产生真正价值的事情实在是太少了。这样做实在一点儿好处也没有,反而会制约目标的实现。

从此,安德鲁调整了时间分配,他洒脱地把那些无关紧要的小事交给助手,自己则把时间集中用在设计工作上。不久,他写出了《建筑学四书》,此书被称为建筑界的"圣经",他成功了。

对每个渴望成功的人来说,时间是最重要的资产,每分每秒在逝去之后再也不会回来,成功的关键在于如何掌控自己的时间节奏,高效地运用每时每刻。学会有效地管理时间,才能保证做事的效率,这就涉及管理学上的"二八法则",即意大利经济学家帕累托所提出的80/20法则,即要把80%的时间花在能获取关键效益的20%的工作上,掌握了这个法则,自然就能忙到点子上、忙出高效来,进而缔造成功。

管理顾问瑞克希就是一个出色的时间管理者,他总是能够高效地利用自己的时间,坚持用80%的时间做20%的事,他的成功看起来轻松。下面就来看看他是如何做的,相信我们能够得到不少的启示。

瑞克希并不是工作狂,他逍遥自在、业绩斐然。

瑞克希的手上从未同时有3件以上的急事,通常一次只有一件,其他的则暂时摆在一旁,而且他会把大部分时间拿来思索那些最具价值的工作,比如公司的总体发展规划、年度工作任务、行业发展前景等。

瑞克希只参加重要客户的会议，走访一些重要的顾客，然后把所有精力拿来思考如何实现与重要客户的交易以及公司如何能够获得最大利益，接下来再安排用最少的人力达成此目的。

瑞克希把产品的知识传授给下属，时常会观察公司中谁是某项工作最合适的执行者，确定对象后，他会将该下属们叫到办公室，解释他对每一个人的要求，让他们放手去做，自己做的只是时常盯一盯工作的进度。

瑞克希的事例告诉我们，那些做事高效的人不会像老黄牛那样只知道一味地做事情，而是懂得把有限的时间放在最重要的事情上，利用有限的时间创造出最大的价值。一个人的价值大了，成功的资本也就强大了。

"二八法则"又称为"80/20法则""帕累托法则""最省力法则""不平衡原则"等，帕累托从研究中归纳出这样一个结论：如果20%的人口拥有80%的财富，那么就可以预测出10%的人将拥有约65%的财富，而50%的财富是由5%的人所拥有的。"二八法则"无时无刻不在影响着我们的生活，然而人们对它知之甚少。

当我们把"二八法则"应用到时间管理上时，就会出现以下假设：一个人大部分的重大成就，包括一个人在专业、知识、艺术、文化或体能上所表现出的大多数价值都是在他自己的一小段时间里取得的。如果快乐能测量的话，则大部分的快乐发生在很少的时间内。而这种现象在多数情况下都会出现，不论这种时间是以天、星期、月、年，还是以一生为单位来度量，用"二八法则"来表述就是：80%的成就是在 20% 的时间内取得的；反过来说，在剩余的 80% 的时间内只创造了 20% 的价值。换言之，一生中 80% 的快乐发生在 20% 的时间里，也就是说，另外 80% 的时间只获取了 20% 的快乐。

如果承认上述假设，那么你将得到 4 个令人惊讶的结论。

结论一：我们所做的事情中，大部分是低价值的事情。

结论二：在我们所有的时间里，有一小部分时间比其余的多数时间更有价值。

结论三：若我们想依此采取行动，我们就应该采取彻底的行动。只做小幅度改善没有意义。

结论四：如果我们好好利用 20% 的时间，将会发现，这 20% 的时间是用之不竭的。

由此可见，只有养成做要事的习惯，对最具价值的工作投入充分的时间，工作中的重要的事才不会被无限期地拖延。

要掌握正确的工作方法，提高自己的工作效率，我们就要坚持要事第一，把握好关键的 20%，分清楚事务的轻、重、缓、急，将自己的主要精力集中在最重要的事情上。

凡事都有轻重缓急，最要紧的事情不应该与最不重要的事情混为一谈，应该优先处理。大多数重大目标无法达成的主因就是因为你把大多数时间都花在次要的事情上。所以，你必须学会根据事情的核心价值排定日常工作的优先顺序。建立起优先顺序，然后坚守这个原则，并把这些事项安排到自己的例行工作中。

我们每个人每天面对的事情按照轻、重、缓、急的程度可以分为以下 4 个层次：重要且紧急的事、重要但不紧急的事、紧急但不重要的事、不紧急也不重要的事。

1. 重要而且紧急的事情

这类事情是对你来说最重要的事情,而且是当务之急,有的是实现你的事业和目标的关键环节,有的则和你的生活息息相关,它们比其他任何一件事情都值得优先去做。只有它们都得到合理高效的解决,你才有可能顺利地进行别的工作。

2. 重要但不紧急的事情

对于处理这种事情要求你具有更多的主动性、积极性和自觉性。从一个人对这种事情处理的好坏可以看出这个人对事业目标和进程的判断能力。因为你生活中大多数真正重要的事情都不一定是紧急的,比如读几本有用的书、休闲娱乐、培养感情、节制饮食、锻炼身体。这些事情重要吗?当然,它们会影响你的健康、事业还有家庭关系。但是它们急迫吗?不。所以很多时候对于这些事情你都可以拖延下去,并且似乎可以一直拖延下去,直到你有足够的空余时间来处理它们。

3. 紧急但不重要的事情

紧急但不重要的事情在我们的生活中十分常见。例如,本来你已经洗漱停当准备休息,好养足精神明天去图书馆看书,忽然电话响起,你的朋友邀请你现在去泡吧聊天儿,然而你就是没有足够的勇气回绝他们,你不想让你的朋友们失望,然后你便去了,次日清晨回家后,你头昏脑涨,整个白天都昏昏沉沉的。你的思绪被别人牵着走,而你认为重要的事情却没有做,这或许会造成你很长时间都比较被动。

4. 既不紧急也不重要的事情

很多这样的事情会在我们的生活中出现,它们或许有一点儿价值,但如果你毫无节制地沉溺于此,你就是在浪费大量的宝贵时间。比如,你吃完饭就坐下看电视,却常常不知道想看什么和后面要播什么,只是被动地接受电视发出的信息。往往在看完电视后觉得不如去读几本书,甚至不如去骑骑健身车,那么你刚才所做的就是在浪费时间。

我们可以按照上述的分类将重要而且紧急的事情定为 A 类,将重要但不紧急的事情定为 B 类,将紧急但不重要的事情定为 C 类,将既不紧急也不重要的事情定为 D 类。在实际工作中,我们应该先干重要的事,即 A 类事情,这一类事情做得越多,你的工作效率就越高。

是的,"二八定律",即帕累托定律告诉我们:应该用 80% 的时间做能带来最高回报的事情,而用 20% 的时间做其他事情。记住这个定律,并把它融入工作当中,对最具价值的工作投入充分的时间,否则你永远都不会感到安心,你会一直觉得陷于一场无止境的赛跑中永远也赢不了。"分清轻重缓急,设计优先顺序",这就是管理时间的精髓。

5. 高效为"首",勤奋有"度"

在效率至上的社会发展大环境中,你必须高效做事,在有限的时间内完成规定的任务,而不要只靠加班加点。因为,勤奋并不等于高效。

有些人总是认为工作的时间越长,越能显示自己的勤奋,工作效率越高。其实,工作效率和工作业绩才是最重要的,整天忙忙碌碌却做不出成果并不是有效的工作者。

对时间的有效管理直接关系到企业员工工作效率的高低。企业员工一生的绝大部分时间都是在工作,然而光阴似箭,时间的流逝是那样悄无声息又那样无情。

在有限的工作时间内,一个人能否将所有预定的工作全部做完而且井井有条呢?抑或是总觉得有许多忙不完的事,工作纷繁复杂,还需要经常加班加点,结果还是遗忘了某些重要事情?若是前者,那么企业员工对时间的管理就是有效的。

有些职员整天在办公室忙忙碌碌、走来走去,书桌上各种公文及资料堆积如山,似乎每天都有忙不完的工作。这种人实际上是在对时间的管理上产生了偏差,由此造成工作效率低下。他们不是忙得没有时间,而是没有管理好自己的时间。因此,企业员工不应被动地被时间牵着鼻子走，而应主动地把握时间、规划时间、管理时间，让有限的时间发挥更大的效用。

苏珊妮毕业后应聘到一家信息咨询公司，并被分配到这家公司新开设的汽车信息部跑业务。刚开始工作时，苏珊妮手头没有客户，她采用"陌生拜访"这种最原始的方式逐个宣传公司的业务，其间赔尽了耐心和笑脸。但是这个失误的计划使她在工作一段时间之后并没有发展多少客户。公司采用的是佣金制，即完成多少工作量发相应数目的薪金，由于没有多少业绩，到了发薪的日子，看到别人兴高采烈，她却只能独坐一隅、暗自落泪。

分析失败的原因后，苏珊妮找到了自己致命的弱点：业务不熟、计划不详。于是，她积极地学习、用心总结和研究客户的心理，重新制订出自己的工作计划。3个月后，苏珊妮的签单数量不断上升，佣金日渐不菲，业务主管那张铁青的脸也逐渐变得笑容灿烂。

勤奋好学的员工是老板最赏识的。想要迅速获得老板的赏识，最好的方式是尽可能提高工作效率，尤其当你面对堆积如山的工作时，先不要慌慌张张，而是要思考如何高效率地分配时间。只要事先分配好时间并安排事情的先后顺序，就能轻而易举地一一处理。

一个会管理时间的人总能泰然自若地待人处世，将应处理的事、应完成的事在自己规定的时间内完成，非常有效率。相反，一个不会管理时间的人，无论如何也不会成为一个优秀的企业员工。同样，一个不会管理时间的人，其生命中的许多时光都处在一种浪费状态中，并随时可能会浪费他人的时间。学会善于管理自己的时间，在某种程度上可以说也是为了更好地享受有限的人生。

员工不会通过有效地管理时间来提高工作效率这种现象是每个老板都不愿看到的。一家著名公司的老板说:"我不喜欢看见报纸、杂志和闲书在办公时间出现在员工的办公桌上。我认为这样做表明他并不把公司的事情当回事,他只是在混日子。如果你暂时没事可做,为什么不去帮助那些需要帮助的同事呢?"他的话值得每一个员工深思。

对于任何人来说,时间的价值非比寻常,它与人生的发展和成功的关系非常密切。凡是在事业上有所成就的人,无论是员工还是老板,都是会管理时间的人。因为他们能科学地把握时间、追求效率,在恰当的时间内完成应该做的事情。

谁善于利用时间,谁的时间就会成为"超值时间"。作为一名员工,当你能够高效率地利用时间的时候,你对时间就会获得全新的认识,能知道1秒钟的价值,能算出1分钟时间究竟能做多少事情。如果当你这样做以后,若再担心不被老板欣赏就是杞人忧天了。

刚刚参加工作的新职员在掌握工作时间上往往会出现两种极端,一种是偷工减料、晚来早走,另一种是无休止地加班加点。

如果你经常偷工减料,每天工作不足规定的时间,那么总有一天你会被叫进老板的办公室,因为大家的眼睛是雪亮的,何况每一个人的工作量摆在那儿,你干少了,别人就得多干。也许有人很聪明,可以在相对少的时间内完成工作,但也不应该晚来早走,积极的做法是向你的老板说明个人的情况,争取更有挑战性的工作,这也有助于你以后的提升,另一种积极的做法是用剩余的时间自学更多的东西。

如果你过分地加班，有时会带给你负面的影响，你的老板会认为你的工作能力不强，只能靠加班来完成任务。在许多企业，过分加班意味着你的计划没有做好，追究起来是要承担责任的。一项任务如果没有办法在计划内完成，解决的方法不只是加班，你可以向你的老板解释要求修改计划、增加人手或寻求帮助等。

俗话说："一寸光阴一寸金。"做一个善于管理时间的人，如此，不仅你的事业充满了发展的机遇，而且你的人生也会充满快乐。

6. 选对时间做对事

追求成功，就要学会克服自身的缺点和不足，学会在正确的时间做正确的事情。

人要想获得成功，有时光靠"做"是不行的，还要找对机会，只有在最正确的时间内做最正确的事情，才能获得成功。时机不到时要克制自己的冲动；时机一到，便要用强大的自律精神约束自己，让自己赶紧投入到工作中。

黄潇潇来这家公司的时间不短，工作上没有比别人少出过一分力气，但是在自己的工作岗位上就是难以获得与付出相对应的业绩，因此她一直以来都得不到提升的机会，这让她感到很苦恼。

有一天，黄潇潇把自己的这个情况告诉了她的上司，上司问她："你是不是每一天都在很忙碌地工作？"黄潇潇回答说："是啊，别人上班我也来上班，别人下班了我还没下班呢。"上司继续问她："那你每天的工作流程是什么？"黄潇潇想了想，说："我每天早上一起来就给客户打电话，一直要打到中午12点，然后下午整理我的文件。你知道，对于我们做业务的来说，联系客户是第一位，所以每天上午我把最理想的工作时间都用来联系客户了……"

黄潇潇说到了这里，上司打断了她的话，因为上司已经知道了她工作效率低下的原因了。上司对她说："这样吧，你明天上午来公司什么都不要干，你要做的就是在下午的时候联系顾客，然后次日上午整理文件。你就照我说的办吧。"

黄潇潇从办公室出来后，对上司的话将信将疑，她认为自己那么辛苦地工作都没有做出好业绩，而上司叫她明天上午什么也不做，这样就能取得成绩吗？虽然她对上司的话有所怀疑，可她还是照着上司的方法去做了。结果没几天，黄潇潇就发现自己的业绩有所好转，这让她感觉很意外，她又去找上司请教奥秘，上司对她说："你原先工作业绩不好的原因在于你对工作时间的安排有误，你在上午的时候联系顾客，你想想，这个时候顾客要么是在上班的途中，要么还在睡觉，你选择此时联络他们能有好效果吗？你的问题其实就是在错误的时间做了错误的事情。"

案例中的黄潇潇，其工作效率低下的原因不是她工作不够努力，而是因为她对于工作时间的安排不够科学。这样的人虽然看起来非常自律，但是由于没有合理地安排时间，找不到最好的时机，所以他们的效率往往非常低下。

真正的自律并不仅仅是逼着自己做事，而是要学会管理自己的时间，让自己在正确的时间做正确的事情。有些职场人做事情不考虑时机性，什么时候想起来什么时候做，这样很难取得好效果。大体说来，职场人办事不考虑时机主要有以下几种情况：

汇报工作时不考虑上司是否有时间，上司着急要出门，你去汇报工作，他哪里还有心情听你汇报？上司手头上正有很重要的事情，你去找他，他听也不是，不听也不是，你汇报工作哪里还有什么效果？抓不住有效的时间去和上司沟通就难以取得效果，工作效率又从何谈起？

同事都在忙自己的事情，你去找他帮忙，同事之间相互帮忙是很正常的事情，可是你却选择大家都在忙的时候去找他，这分明是存心给同事出难题。即使同事答应帮你，也是敷衍了事，到最后你还得返工，肯定会影响你的工作效率。

找准时机的重要前提就是审时度势，客户明明不想和你交谈，你还没有发觉，即使客户硬着头皮和你谈下去，效果也不会好。上司虽然不太忙，但是他的心情却不太好，你仍然去找他争论工作上的对错，自然难有什么结果。这都是因为在不正确的时间内做了不正确的事而导致的效率低下，是职场人自找的苦果。

有些人无论做什么事都着急，从来不考虑时机。古人早就说过，欲速则不达。有些职场人偏偏是急性子，遇事总想第一时间就解决。殊不知，很多事是需要时机去处理的，不是说你越快处理效率就越高。时机不到，即使付出再多的努力也是枉然；时机到了，顺水推舟便能有效地处理了。这其实就是在正确的时间内做正确事情的真谛。

以上都是职场人办事不考虑时机的个表现，在职场中，只要稍加观察，就能发现凡是有这些问题的职场人，其工作效率都不会太高。那些真正高效率的职场人不见得他们花在工作上的时间有多长，但他们一定会抓住最合适的机会去办事。

职场中，每个人都是 8 小时工作制，都付出同样的汗水，可是每个人的业绩却都有很大的不同，这就是因为有些人善于在正确的时间内做正确的事情，而有些人则是把精力都浪费在了不正确的时机上，久而久之，职场人之间的差异便因此产生了。

所以，职场人应该锻炼自己掌握时机的能力，让自己变得更加睿智和高效。在正确的时间内做事，能让职场人事半功倍地完成眼前的工作，这一点是每个职场人都希望看到的。如果你做到了，你就是善于用脑子工作的职场人，成功将离你不远。

7. 用"四象限原理"管理时间

人生短暂，逝者如斯！要分清什么事情最为重要、什么事情最为紧迫、什么事情可做可不做，只有合理分配时间，才能让有限的生命发出无限的光辉。

歌德说："在今天和明天之间有一段很长的时期。趁你还有精神的时候要学习迅速地办事。"是的，要想提高效率，我们就必须自律，让自己赶紧投入到工作中。但是在做事之前,你要先弄清楚什么事情才是最重要的。

每个人有多少的时间都是能计算的固定量,用一分少一分。所以,人们常说"人生苦短,只争朝夕"。在我们短短的一生中,把很多时间花在睡、吃、行等不直接产生价值的活动中。例如,我们不得不花费将近半辈子的时间用于睡眠,我们不得不吃饭,用餐时间加起来也是好几年,行走、旅行又要花上几年,再加上我们平时的娱乐、节假日的休息、哄小孩等,加起来也需要好几年。如果从我们有限的寿命中减去这些不得不花费的时间,那我们能够用于有效工作的时间还剩下多少呢?

以全球人的平均寿命70岁为限,一个人留给自己的时间其实只占到全部时间的1/5。时间从不会等人,逝者如斯夫。可是我们的时间却是可以被支配和管理的。不同的人在相同的时间长度和环境下,其产生的价值有着很大的差别,这就说明时间是可以被更好地管理的。我们完全可以通过对时间的管理,以大大提高单位时间效率的方式去做更多的事情、做更重要的事,即高效率地去工作,这就是延长生命长度的一种有效的办法。

1968年,美国麻省理工学院一位科学家对时间的利用问题进行了一次深度的调研,他先后选定了美国3000名职业经理人作为调查对象,从中发现,那些成功的经理人都能够做到这么两点:在自己限定的工作时间范围内不把手伸得过长,尽力地把职责内的工作做好;合理地安排自己的时间,使时间的利用率提升到最大值。

我们每天都有太多的事情需要处理:不停在响的电话、接待不完的客户、开不完的会议、多如牛毛的朋友聚会等。就像一首"忙人的告白"的小诗中写的那样:"每件事好像都很重要,每件事都做,让我们非常忙碌。"于是,我们每天起早贪黑地忙碌个不停,挤出了很多家庭生活和休闲的时间,还是觉得时间不够。这些人总是看起来很忙碌,实际上就是因为他们没有掌握好时间管理和高效能工作方法而造成的。

实际上,在我们的工作中,很多工作都有着紧急程度不同,同时重要程度也不同的双重性。那么,我们该怎么决定优先顺序?就是要看重要性和紧迫性两个维度:

优先顺序＝重要性 × 紧迫性。根据这两个维度,我们可以将工作分成4类:

第一类:非常重要而又非常紧急的工作(第1象限)

第二类:很重要但不是很紧急的工作(第2象限)

第三类:很紧急但不是很重要的工作(第3象限)

第四类:既不紧急也不是很重要的工作(第4象限)

第1象限:非常重要而又非常紧急的工作

紧急的工作是我们应该马上就要做的工作,重要的工作是对工作有重大影响的事情。在我们的工作和生活中,有不少事情是既紧急又重要的,例如处理客户的投诉、老总要我们在明天早上上班以前就应该提交的报告,我们的父母病重需要住院、房贷马上就要到期,我们还没有准备好,这类事情可以说紧急而重要,因此我们就必须放下手头的事情尽快把它们处理完,否则这些事情将影响我们正常的生活。如果是由于我们的拖延而使事情变得非常紧急,那么就应该坚决改掉这一坏毛病。

紧急又重要的事情是最重要的事情,而且是马上要去做的事情,有的是我们要实现工作的关键环节，有的则是我们生活中最重要的事情，这些事情比其他任何一件事情都值得我们优先去做。因此，只有我们将这些事情都做得合理，才能够有效地去解决，这样我们才有可能顺利地进行自己的工作。

第 2 象限：很重要但不是很紧急的工作

实际上，我们在工作中有许多很重要但不是很紧急的事项，这类工作不是当前最急迫的，但是绝对会关系到我们的长远发展。在这些工作中，有的是与我们的梦想有关，有的是与我们的人生长期规划有关，比如专业的技能培训，可能是一直想写的一篇文章，可能是一直想开始的自己的魔鬼瘦身计划、想做的一次彻底的健康检查、想读的几本好书，但是我们又整天忙于制定奖金提成和奖金发放措施或者忙于起草新的合作意向书等，这些都是非常重要的事情，但这些事情其实完全能够再拖延一段时间再做。

对于重要的工作，我们一般都会有较充足的时间去安排，都是完全可以在一定的时间内做完的。但是，如果我们每天都忙于琐碎的事而将这些不重要的工作搁置或者推迟，那么这些工作就会变得既重要又紧急，就会变成第一象限的工作。所以，对于这些工作处理的好坏情况往往真实地反映了一个人对人生、工作目标及事情进程的清晰判断能力。

第 3 象限：很紧急但不是很重要的工作

在工作中，我们每一个人都会遇到很紧急但不是很重要的工作，例如，当我们正在忙于处理一件很重要的事情之时，一位哥们儿打来了电话，不接的话又找不到合适的理由，于是我们就与他带劲儿地聊了起来，结果花费了我们宝贵的时间，耽误了我们应该做的事情。

这些事情很紧急但不很重要，我们就应将它们列入次优先的事项中。假如我们没有安排工作的优先次序，就可能会把一些紧急的工作也当成了重要的工作来处理，结果颠倒了主次。通常，一般人都习惯按照事情的"紧急程度"决定工作计划的优先次序，而不是首先估计一下事情的重要性。如果我们每天把80%的时间和精力都花在了"不紧急的事"上，那么无疑会让我们的效能降低很多。

因此，我们要想有效地解决这一问题，既可以兼顾紧急也可以兼顾事情的重要程度，那么我们就必须把每日待处理的工作分为以下3个"区域"：

1. 当日"必须"去做的事（最为紧迫的事）。
2. 当日"应该"去做的事（有点儿紧迫的事）。
3. 当日"可以"去做的事（不紧迫的事）。

在大多数时候，那些越是重要的事越不紧迫。例如，我们的长远目标规划等。但是，如果我们总是由于看似"紧急"的工作而将那些不紧迫但很重要的工作延迟了，这就是非常不好的做法。成功人士做要事，而不是做急事。

第4象限：既不紧急也不是很重要的工作

既不紧急也不是很重要的工作，就是可做可不做的工作。在工作中，我们都会遇到很多不需要我们马上去处理，甚至也不需要去解决的事情。比如，我们需要买一件新西装等。如果我们把精力总是放在这些琐碎的事情上面，那么无疑就是在浪费我们的时间。

在你的工作与生活当中，你能分清楚每一件事情所处的象限吗？你把大部分时间都花费在了哪个象限中了？

假如是1，则说明你总是忙于应付那些紧急事，你总是被这些事弄得焦头烂额、狼狈不堪。所以，你始终忙忙碌碌地去工作，但是却效率低下。

假如是 2，则说明你在做要事而不是急事，这正是一个成功人士的思考方式和做事情的方式——把有限的时间用在最重要的事情上。很多时候，这些工作虽不是很紧急，但它却决定了你的未来。

假如是 3，则说明你的工作效率很低。你总是盲目地追随琐碎的事务，而不考虑它对你是否有很大的影响，你会发现自己的时间总是不够用。如果你不努力改变这种现状，那么你的生活和工作都将陷入非常被动局面之中。

假如是 4，则说明你是一个非常情绪化的人，你总是将大量的时间花在毫无意义的事情上，这样下去一点儿意义都不会有。

第 10 章

如何管好自己的习惯

从某种意义上说,"习惯是人生最大的指导"。因为很多时候,一个小小的坏习惯就能让我们饱尝苦果。所以,要培养自律的意识就要从战胜小毛病开始积累自己的自控能力。

1. 自控能力养成行为习惯

增强自己的自控能力,改变一些不好的习惯,你才能真正地做到自律。

从一个人的习惯就可以看出他的自控能力,因为习惯是自控能力的体现。一个人自控能力的强弱就体现在他有意识或无意识地在日常生活中和工作中表现出的习惯上。

然而,什么是自控能力呢?所谓的自控能力就是一个人善于自我支配和自我调节的能力。心理学认为,自我控制能力是自我意识的重要成分,它是个人对自身的心理和行为的主动掌握,是个体自觉地选择目标,在没有外界监督的情况下适当地控制、调节自己的行为、抑制冲动、抵制诱惑、延迟满足、坚持不懈地保证目标实现的一种综合能力。良好的自控能力也是一个成熟的人进入社会最主要的因素之一。

如果一个人缺乏自律精神，没有自控能力，干什么都无所谓，那么什么也都会对他无所谓；相反，如果一个人做什么事情都能自我约束、仔细认真、精益求精，那么成功就离他不远了。

不仅如此，一个人的习惯会影响他的品格，从而影响其日后的发展。有些青年原来品格优良，但因为后来沾染了一些恶习，结果再也没有出头之日。很多年轻人一开始很不注意自己的习惯，觉得那只是暂时的小事。但是，久而久之，他们可能会因为一些恶习而为他人所排挤，到时候他们可能会懊悔起来，开始反思：真没想到那样随便玩玩也会成为改不了的恶习。但是，到时再懊悔又有什么用呢？

一个有志成大事的青年为了自己的前途，无论如何都要抵制不良的诱惑，在任何诱惑面前要始终坚定决心、不为所惑。他必须永远善于自我克制，他的娱乐项目应该是正当而有意义的，否则只要稍动邪念，他就可能一下子毁掉自己的信用、品格和成功。如果仔细分析一个人失败的原因，就可知道多半是因为那个人缺乏自控能力和有着种种不良的习惯。

美国石油大亨保罗·盖蒂曾经嗜烟如命，烟抽得很凶。

在一次度假中，他开车经过法国，天降大雨，他在一个小城的旅馆停了下来。吃过晚饭，疲惫的他很快就进入了梦乡。

清晨两点钟，盖蒂醒来了，他想抽一根烟。打开灯后，他很自然地伸手去抓桌上的烟盒，不料里面却是空的。他下了床，搜寻衣服口袋却一无所获，他又搜索行李，希望能发现他无意中留下的一包烟，结果又失望了。这时候，旅馆的餐厅、酒吧早已关门，他唯一可以获得香烟的办法是穿上衣服走出去，到几条街外的火车站去买，因为他的汽车停在距旅馆有一段距离的车房里。

越是没有烟抽，想抽的欲望就越大，有烟瘾的人大概都有这种体验，于是盖蒂脱下睡衣，穿好了出门的衣服，在伸手去拿雨衣的时候，他突然停住了，他问自己：我这是在干什么？

盖蒂站在那儿寻思：一个所谓有修养的人，而且相当成功的商人，一个自以为有足够理智对别人下命令的人，竟要在三更半夜离开旅馆，冒着大雨走过几条街，仅仅是为了得到一支烟。这是一个什么样的习惯？这个习惯的力量竟如此惊人的强大。

没过多久，盖蒂下定决心，把那个空烟盒揉成一团扔进了纸篓，脱下衣服，换上睡衣回到了床上，带着一种解脱甚至是胜利的感觉，几分钟就进入了梦乡。

从此以后，保罗·盖蒂再也没有抽过香烟，当然，他的事业越做越大，成为世界顶级富豪之一。

烟瘾很大对任何人来说都不是一个大的缺点，但保罗·盖蒂却坚持改变，这是因为他意识到了习惯的巨大力量。一位理智、成功的商人居然会为一支香烟而六神无主，如果是在休闲时间倒没什么影响，但如果是在谈一笔大买卖，这个习惯则会影响他的判断，进而影响整笔生意的完成。一个人要是沉溺于坏习惯之中，就会不知不觉把自己毁掉。

是的，习惯的力量是巨大的，因为它具有一贯性。通过不断重复，它使人们的行为呈现出难以改变的特定倾向。就像一句古老的箴言所说："习惯就像一根绳索。每天我们都织进一根丝线，它就会逐渐变得非常坚固，无法断裂，把我们牢牢固定住。"我们每天高达90%的行为是出自习惯的支配。可以说，几乎每一天，我们所做的每一件事都是习惯使然。

好的习惯使我们受益，让我们很自然地去做某些事情，而无须在意志方面付出巨大的努力；坏习惯则是我们行动的障碍，且腐蚀着我们的意志力，我们很容易受它的控制，成为它的奴隶，意志坚强的人也不例外，保罗·盖蒂的例子就足以证明这一点。只是与普通人不同的是，保罗·盖蒂凭借毅力改掉了自己的坏习惯，这可是常人难以做到的。

每个人都有一些坏习惯，能否改正就是卓越和平庸之间的分界线。诚如奥利弗·克伦威尔于17世纪初期曾经说过的："不求自我提醒的人，到最后只会落得退化的命运。"改掉坏习惯是永远都不该停止的。

2. 让节俭成为一种习惯

当你养成勤俭节约的好习惯，学会控制自己的欲望的时候，你才能真正地做到正确、有效地管理自己，才能接近成功。

节俭不仅是获取财富的一块基石，也是许多优秀品质的根本。节俭可以提升个人的品性，厉行节俭对人的其他能力也有很好的助益。节俭在许多方面都是人们卓越不凡的一个标志，节俭的习惯表明了人的自我控制能力，同时也证明一个人不是其欲望和弱点的不可救药的牺牲品，他能够支配自己的金钱，主宰自己的命运。

爱默生曾说过："节俭是一生用不尽的美德。"节俭就像一面镜子，折射出人格的光辉。一个懂得节俭的人，不管是贫穷还是富有，都必定是一个懂得严格要求自己的人，这样的人也必定是一个拥有成功人生的人。

别想一下子就造出大海，罗马不是一天建起来的，任何让小钱溜走的人绝留不住大钱。不要以为一分钱就不是钱，财富就是依靠许多的一分钱积攒起来的。也不要看不起视一分钱也是财富的人，正是因为他们有这样的金钱观，养成了勤俭节约的好习惯，才有了财富的日渐积累。

洛克菲勒在起初步入商界的时候，经营可谓是步履维艰，他朝思暮想发财，但就是无法成功。一天晚上，他从报纸上看到一则广告，其内容是推销一本发财秘诀的书，对此他非常高兴，第二天他就急急忙忙到书店去买了一本。他迫不及待地把买来的书打开一看，没想到书内仅印有"勤俭"二字，其余再没有任何内容了，这让他非常失望和生气。

于是，洛克菲勒的思想十分混乱，几天寝不能眠，他反复思考该"秘诀"在哪里。刚开始，他还以为书店和作者在欺骗他，于是想指控他们。但是后来，他越想越觉得此书言之有理。的确，要发财致富，除了勤俭之外，别无他法。到了这时，洛克菲勒才恍然大悟。

从这以后，洛克菲勒把每天应用的钱加以节省并储蓄起来，同时加倍努力工作，想办法增加自己的收入。就这样坚持了5年，洛克菲勒积存下了800美元，然后将这笔钱用于经营煤油。在经营的时候，他精打细算，想尽一切办法将开支节省，把赢利中的大部分储存起来，到一定时间把它投入石油开发。如此一来循环发展，如同滚雪球一般使其资本越来越多，生意也越做越大。通过30年的"勤俭"经营，洛克菲勒成为美国最大的3个财团之一的首领。1996年，他经营的石油公司，其年营业额竟然达到1100多亿美元。

然而，当洛克菲勒成为亿万富翁后，其经营管理还是以精于节约为特点。他对员工的要求是：提炼一加仑原油的成本要算到小数点后的第三位。一上班，他就要求公司各部门把一份有关成本和利润的报表交到他手上。很多年积累下来的商业经验使洛克菲勒熟稔了经理们交上来的成本开支、销售以及损益等各项数字，他经常会从中发现很多问题，并且以此指标考核每一个部门的工作情况。

1879年的一天，他质问一个炼油厂的经理："为什么你们提炼一加仑原油要花 19.8492 美元？而东部的一个炼油厂干同样的工作只花 19.849 美元？"这也是世人对洛克菲勒的评价，他是统计分析、成本会计和单位计价的一名先驱，是今天大企业的"一块拱顶石"。

洛克菲勒在老年时，一天，他向他的秘书借了 5 美分。当洛克菲勒向秘书还钱的时候，秘书不好意思要，洛克菲勒当即大怒："记住，5 美分是 1 美元 1 年的利息。"可见他对金钱的节俭态度。

由此可以看出，即使是亿万富翁也要懂得节俭，不能让自己变得挥霍无度。但凡成功的商人，不管他们多有钱，都不会随意挥霍钱财。接待客人时，他们就以让客人吃饱吃好为尚，不会讲排场或乱开支。在现实生活中也是以积蓄钱财为尚，决不会用光吃光。有人测算过，根据世界的标准利率来计算，如果一个人每天储蓄 1 元钱，那么在 88 年后，他就可以得到 100 万元。88 年虽然长了一点儿，不过这些储蓄在实行了 10 年、20 年的时候，或许会得以利用。所以，在很多时候，你不应抱怨自己赚钱少，而应该责备自己没有足够的自律来积攒钱财。

那些成功的富豪们都有一个成功诀窍，那就是崇尚节俭、爱惜钱财。譬如美国连锁商店大王克里奇，他将商店开到了世界各地，他的资产数以亿计，但他的午餐从来都是 1 美元左右。美国克德石油公司老板波尔·克德也是一位节俭出名的大富豪。一天，他去参观狗展，在购票的地方看到一块牌子写着这样一句话："5 时以后入场以半价收费。"之后，他看到手表上显示的时间是 4 时 40 分，于是就在入口处等了 20 分钟才购半价票入场，节省下 0.25 美元。要知道，克德公司每年的收支超过数亿美元，他之所以节省 0.25 美元，完全是受节俭习惯和自律精神所支配。当然，也正因为他节俭，才让他成为了一位富豪。

只有对钱财有爱惜之情，它才会聚集到你的身边，你越尊重它、珍惜它，它越会心甘情愿地跑进你的口袋。自律的理财习惯不仅是一种习惯，更是一种精神，它让你拥有成为富翁的潜力。

对金钱不但要爱惜，还要学会保护。除了想获取钱财，还要想方设法保护已有的钱财，用现代的流行语说就是要"开源节流"。犹太富商亚凯德曾经说："犹太人普遍遵守的原则就是不会让自己的支出超过自己的收入。如果支出超过自己的收入，那便是很不正常的现象，也就根本谈不上发财致富了。"

等到你养成了勤俭节约的好习惯，你会发现每节约一点儿，结果就大不一样。如果你养成了节俭的习惯，那么就意味着你具有控制自己欲望的能力，意味着你已开始主宰你自己，意味着你正培养一些最重要的个人品质，即自力更生、独立自主以及聪明的机智和创造能力。换句话说，就意味着你有了追求，你将会是一个卓有成就的人。

3. 理财也是一种自律

理财,是致富的有力武器。要理好财,不可或缺的就是自律,也最能体现自律的能力。

不管你赚多少钱,都不要有抱怨的心理,但是理财之心一定要有。也许你现在赚得不多,觉得理财是一件可有可无的事情,但是别忘了,勺水渐聚成沧海,分秒累积成整天。如果你拥有这样的自律心态,理财就再也不会成为一件难事了。

在现代社会,我们随时都会面临机遇和挑战。国家经济每天都在迅猛发展,物价持续走高,孩子未来的教育费用让人忧心忡忡……一切的一切都在压迫我们要学会理财。理财是自律的一种真实呈现,如果我们不去理财,只会被社会淘汰。

孙晓龙从小家庭状况就不错,每天都是一副不知天高地厚的样子,更没有丝毫理财的观念。

参加工作之后,孙晓龙脱离了父母的掌控,花起钱来就更加肆无忌惮了,他觉得,钱都是自己赚的,每个月花光是理所应当的。只要是他喜欢的东西,不管多贵,他都会买回家。他出手极为大方,尤其是为女朋友埋单的时候从来没有皱过一下眉头,这样的做法让他感觉很潇洒自在。结婚后,他们夫妻两人依然过着无忧无虑的生活,一个人"月光"偶尔会感到"孤单",夫妻两人一起"月光",就会让人感觉到理所应当了。

有一天,夫妻两人回到家中,老妈问起他们的小日子过得怎么样、现在存了多少钱。

孙晓龙高兴地回答:"我现在想买什么就买什么,从来都没有节制,也没有计划,现在手上没有存钱,但是我感觉很充实。"

老妈感觉很是头疼:"凡事预则立,不预则废。如果你现在不存钱,将来一定会后悔的。现在你们要对经济作一个规划,多存钱,这样生活才会过得从容淡定。"

老妈的一席话彻底浇醒了孙晓龙。孙晓龙仔细想想,自己今后的道路还很漫长,充满了很多不确定的变数,自己真的应该好好计划一下钱包了,免得今后钱到用时方恨少。在老妈的帮助下,孙晓龙制订了一个存钱计划,为他今后的开源节流打下了坚实的基础。

现代社会是一个不断变化的社会,如果你想要一劳永逸地度过一生,显然是不太可能的。当外界不断变化的时候,就需要你不断随之变化,以达到与之相适应的目的。就像一句话所说的一样,改变能改变的,接受所能改变的。现代社会就是一个理财的社会,如果你不去理财,那么留给你的将会是坐吃山空的惨痛结局。

很多人认为,自己是工薪阶层,根本没有资格去谈论理财这件事。如果这样想,你就大错特错了。世界上,不管多么富有的人,他们的钱也是一分一分赚出来的。如果你每月拿出 500 元进行投资,假设你的年投资回报率是 10%,那么 30 年后,你就是一个不折不扣的百万富翁了。理财一小步，人生一大步。如果你不去理财，你就算赚得再多也成不了富人。

既然走进了职场，你就应该分清主次，而每月一次的薪水是我们工作中不可或缺的一部分。一些人总是羡慕别人的富有，而自己总是希望用贪婪和吝啬来使自己变得富有，这是非常不理智的。想要变得富有，就应该去理财。理财其实就是投资，你想让自己手上的钱增值，但是光靠等、光靠吝啬、光靠贪婪是不可能的，这些只会败坏你的人品，根本不可能让你手中的钱变得越来越多。学会理财，让理财为你的未来积累价值，这样你才会觉得自己的人生有条理、有未来。

唐饶毕业之后就来到一家企业工作，她每个月只有2500元的收入。这点儿收入只能够维持她每天的基本生活，但是，生活中的很多开销却让唐饶非常头疼。

唐饶的家庭情况不是太好，上大学的时候，她每天都要去打工，以此筹集生活费。毕业之后，唐饶的5万元助学贷款也到了还款日期，她每个月都需要还款1500元，而她则需要为这笔贷款偿还3年。每月，唐饶都要交550元房租费，吃饭也要用去500元，再加上其他一些消费，就导致唐饶的每个月工资刚好够花。半年过去了，唐饶发现自己仅有一张1000元的存款单。

22岁的唐饶很希望自己能够在5年内积攒下一笔存款当作自己的嫁妆。有同事劝唐饶说，目前最好的理财方式就是基金定投，也有同事说，应该购买债券或者是银行利率较高的理财产品。

唐饶和同事认真交流了一番，最终制订了自己的理财计划，让她迈出了理财的一小步。

有句话说得好:"经济独立了,你的人格才能独立。"经济基础决定上层建筑,如果你连自己的经济都不能独立,你还能做些什么呢?只有有了经济做后盾,你才能去做自己想做的事。

既然进入了职场,就要宣告自己独立,不要再沦为金钱的奴隶,要做金钱的主人。在市场经济时代,创富是一种能力,理财更是一种能力。理财是一个财富积累的过程,要从长远来考虑,是合理化消费与投资,理财体现的是我们一生财富的积累。

21世纪的新兴人才不仅应该有智商、情商,更需要有财商,体现财商在于你要有良好的理财习惯。理财是一种态度,如果你不去理财,就会让你身上的钱无缘无故从身边溜走。养成良好的理财习惯,你才能把钱花在"刀刃"上,才能不让自己的钱财盲目流失。

不管怎样,你都要养成良好的理财习惯,必要的时候准备一个账本,认真分析每一份收入与支出,弄清楚哪一份支出是可以避免的。保持一个星期习惯之后,你就会真正理解到理财的好处,这样就可以让你在职场中积累到更多的资金,积累到更多的人生价值。

4.不放过每一个细节

细节在很大程度上决定做事情的好坏,因此要在细节上下足功夫。只有做好了每一处细节,才能在竞争中遥遥领先。

自律是一个人最重要的品质之一,是抑制人的劣根性最有效的方法。不能自律的人,迟早要失败。很多人成功过,但是稍纵即逝,基本缘由就在于他们缺乏自律、遗忘了自律。

自律是工作出色的前提,也是一个优秀者的必备条件。一个有自律能力的人,就算没有人在一旁监督和催促,也可以把手中的工作做好。站在严于律己的位置上,我们就能抵抗来自四面八方的诱惑,专注于任务的实现。这样一来,工作表现想不出色都很难。

自律就是自我管理、自我要求,同时也是负责任的体现。拥有自律能力的人懂得自我督促、自我检讨,反之则反。我们无法期望一个做事马马虎虎、没有旁人督促便会偷懒甚至消极怠工的人能够把工作做好。部门的领导者或者企业的老板同样深知这个道理。不论管理者的管理手段多卓越、多高超,一个团队想要有良好的表现,工作岗位上的每个人都得各司其职,而要落实这个基本,最终要靠个人的自我管理来发挥作用。我们可以说,当人人都具备自律能力时,工作中所有有待完成的项目便能在没有遗漏且合作无间的良好状态下逐一获得解决，团队效率渐趋完美。由此看来，一个人如果具有自律精神，最大的受惠者将不是公司老板，而是你自己。

能够自律者，不论面对单调的工作还是艰难的挑战，都会尽全力做到最好。对大家避之唯恐不及的苦差事，也欣然接受甚至主动出击。因此，主管喜欢这样的下属，老板喜欢这样的员工，因为他们的表现出色、工作效率高，相对地，这种人人梦寐以求、期望自己能拥有的不可替代性便出现了。

反过来说，倘若缺乏自律能力，对谁的影响最深？答案也不是老板或主管，而是自己。无法自律的人，往往不会将全部的精力投入到他该做的事情上，工作效率总是大打折扣，工作表现也不可能多亮眼。对这样的人来说，功成名就如同夜幕中高挂的星星，看得到却永远触摸不到。对老板而言，这样的员工表现黯淡无光、工作效率低，永远是裁员名单中的首选。

作为职场人，应该学会细心一点儿，对于细节也应该更注意一些。只有把握好每一个细节，才能得到上司100%的信任。在现实职场中，许多职场人就是因为细节的缺失而给自己带来了不必要的麻烦。

小孙是个能力很强的员工，他的工作业绩在单位是数一数二的，但是却一直得不到上司的重用。上司其实也知道小孙这些年来为公司作了不小的贡献，也在考虑提拔小孙，但是无奈小孙在很多地方不注意，这让上司很不放心，决定再观察他一段时间。

这一天，上司一进公司就准备找小孙谈话，可走进办公室的时候，小孙正在和旁边的同事嘻嘻哈哈地闲聊，上司当时很不高兴，问小孙："小孙，你的工作做完了没有？"小孙回答说："都做完了啊。"

上司也不好再说什么，便气呼呼地走了。

没过几天，小孙又犯了个错误，他把公司的一个多余出来的鼠标拿回家自己用了。上司为了这件事情专门询问他："小孙，你原来的那个鼠标呢？新来的同事那边少一个鼠标。"小孙很不好意思地说："呵呵，那个鼠标让我拿回家了，我看咱们公司也没人用，我明天给你拿回来……"

"不用了，你留着自己用吧。"上司说完就走了。

小孙这两个细节性的错误让上司对他很不满意，将本来打算给他升职的计划也取消了。但是鉴于他工作上的成绩是有目共睹的，所以还是决定给他加薪。加薪之前，上司还是有些不放心，就去前台那里查看出勤记录。查到小孙的时候，上司惊奇地发现，小孙竟然在一个星期内病了3天，请了3次病假。上司认为这根本就是不可能的，于是把加薪的计划也取消了。

事例中的小孙，虽然其工作能力得到了上司的认可，但是他却因为自己没能掌握好细节而失去了加薪、升职的机会。许多职场人在工作中也会经常犯和小孙相同的错误，殊不知，这些小错误给自己带来了很大的不利影响。

在工作中，职场人做好自己的本职工作其实并不难，难就难在对于任何小细节都做到一丝不苟。你的那些同事们，在工作上的业绩可能与你相差不多，那么你怎么才能超过他们，让上司对你另眼相看？答案就是"细节"。从细节入手，做好每一件小事，就是你超越同事的最好方法。可是许多职场人至今还认为只要工作出色，其他的一切都是次要的，这种想法可能会让他们吃到细节的亏。

有的职场人即使在办公室里也不注意着装，在上班的时候穿着牛仔裤与休闲鞋，他们认为这又不会影响工作，没什么大问题，其实不尽然，上司希望自己管理的团队犹如军队般整齐划一，而你的这身休闲打扮却完全破坏了办公室的整体性，他们怎么会高兴？有的员工喜欢在上班的时候打私人电话，而且非常频繁，他们认为打个电话又不影响工作，没关系。殊不知，上司对于这种破坏办公室气氛的行为早就恨之入骨了。

还有的员工喜欢工作时嚼口香糖，然而，办公室不是 NBA 赛场，你也不是什么明星大腕，当上司看到你的嘴时常不老实的时候，说不定在他们心里，一股无明之火早就油然而生了。

诸如此类不该触犯的小细节在工作中比比皆是，职场人稍不注意就可能给上司留下坏印象，到时候因为这些小细节而失去升职、加薪的机会就太不值得了。

把握细节，除了能够让自己不被一些小错误困扰之外，还能提高工作效率。很多人在工作的时候大大咧咧、丢三落四，因为一个小失误而返工是经常的事情，这就极大地影响到了工作效率。职场人在工作的时候应当好好把握细节，细节决定工作的效果。工作中要把握细节有以下几个要点：

首先，从态度上重视。做任何事情都需要认真求实的态度和工作作风，一板一眼、扎扎实实才能把工作做好。有些职场人过于浮躁，为了早日完成工作而不注重细节的把握，这样会对工作质量和工作效率有很大影响。其次，认真做好工作计划，把工作中的每个步骤都细节化、具体化。在得到一项新任务的时候，不要着急去干，事前应该把每个步骤进行分解，从简单到复杂，再到简单，在这个过程中需要对每一个环节进行量化、实施、跟踪、评估、改进。最后在节点的环节进行总结,把已做完的事情系统化,这样才能避免工作中的脱节,使自己的工作更有效率。

总体来说,这3点都是很细节的环节。但是如果把这些细节性的环节都做到了,那么工作就会变得高效而富有质量。职场人需要细节来避免失误,也需要细节来提高效率,一个能够成功掌握细节的职场人才能真正掌控全局,获得上司的垂青,这是每个职场人都应该明白的道理。

"合抱之木,生于毫末;九层之台,起于累土;千里之行,始于足下。"可见,任何一次成功都离不开细节。一根链条,最脆弱的一环决定其强度;一只木桶,最低的地方决定其容量;而一个人,最差的品格决定其发展。祸患常积于疏微,而智勇常困于所溺。从一个细节中,我们有时可看出事态的发展趋势。当纣始为象箸,箕子就曾叹曰:"彼为象箸,必为玉杯;为杯,则必思远方珍怪而御之矣。舆马宫室之渐自此始,不可振也。"或许有人会说,"大行不顾细谨,大礼不辞小让""做大事不拘小节",然而殊不知,"大丈夫应扫天下,一屋不扫,何以扫天下"!

有一种颇为流行的说法:看历史要看大势,看形势要看主流,看人物要看大节。这自然没错,但不要忘记,小事、细节也以其生动、直观、真实的特点而显得更鲜活、更有魅力,为人所喜闻乐见、津津乐道,而且也可由小见大、见微知著。伟业固然令人神往,但构成伟业的却是许多毫不起眼的细节。只有做好每一个细节才有可能成就伟业。唯有改变心浮气躁、好高骛远的毛病,脚踏实地、从小事做起、注重细节,方能成功。

5. 每天多做一点儿，离成功就近一点儿

在职场中，无论你身处什么位置，都应该比自己分内的工作多做一点儿。只要每天多做一点点，通往目标的路就会近一点点。

多做一点点听起来很容易，可有多少人真正做到了呢？有的人认为这不是挑战，其实这就是最大的挑战。在工作中，如果你敢于多承担一点儿，多做一点儿，并持之以恒，你就能创造出非凡的业绩。

要知道，成功和失败往往体现在日常微不足道的习惯上。一些小的行动往往会制造出很大的差异。正是每天提前5分钟开始工作、多打一个电话、多联系一个客户、多思考一个问题、多总结一次工作，这一点点的积累造就了那些成功的人，毕竟没有一个人是一下子获得成功的。

从自身的角度来讲，多做并不吃亏，万事都有因果。做得多，经验积累得就多；做得多，你得到的回报也就多。这种回报不仅仅指的是老板发给你多少工资，还有同事的认同、自身价值的体现等。只要你是个有心人，今后发展的机会必然会多于他人。

无论你从事哪一项工作，只要你肯付出，终有一天，额外的工作会为你带来意想不到的收获。因此，多做一点点是一种好习惯。只要你每天多做一点点，成功也就会离你更近一点儿。

是的，多做一点点是一种习惯，更是一种职业精神，只要坚持去做，就会改变你的整个职业生涯，影响你的一生。

查理·贝尔是澳大利亚人，曾是麦当劳一位杰出的首席执行官。他也是第一位担任麦当劳的首席执行官的外籍人。他从一个打扫厕所的勤杂工做起，一步步登上了事业的巅峰。虽然他英年早逝，但他"多做一点点"的精神激励着一代代的麦当劳员工。

2004年4月，查理·贝尔被提名为麦当劳首席执行官，其实，他早在15岁那年就与麦当劳结下了不解之缘。当时，他家境十分贫寒，为了生计来到悉尼一家麦当劳打工。他第一次去应聘的时候，这家店的经理里奇看他瘦骨嶙峋、营养不良，而且长相、穿着都显得很土气，便以暂时不缺人手为由委婉地拒绝了他。但贝尔没有就此放弃，很快他又来了，再次恳请给他一份工作，并说不要薪水，只要管饭就行。

这位经理看着贝尔，贝尔利用他犹豫的机会小声说："我看您店里厕所的卫生情况不太好，没准会影响您的生意，要不就安排我打扫厕所吧。"里奇见贝尔实在可怜，就同意将他留在店里，但说明只是试用。扫厕所是一个又脏又累的活儿，几乎没人愿意干，但贝尔却很珍惜这份来之不易的工作机会。

在试用期间，他踏踏实实地干活，每天天不亮就起床把厕所彻底打扫一遍，每隔1小时就去查看一下，发现脏了马上再打扫一遍。在工作中，他还总结了一些经验，比如先清理大的纸张，然后在又湿又脏的地方撒上干灰，把水吸干后再扫，就能扫得非常干净。为了维持厕所的清洁环境，他还别出心裁地特意在厕所周围摆上一些花草，以便给顾客多一点儿美的感受。为了增添文化气息，他还在厕所的墙上贴上一些类似"生命无法重来"的格言警句。这一举动颇受顾客的欢迎，也引起了麦当劳公司领导的注意。而且除此之外，他还做了擦地板、翻烘烤中的汉堡包等力所能及的事。他所干的这一切都被总经理里奇看在眼里。

3个月的试用期过后，贝尔理所当然地被正式录用，成为麦当劳一名正式的员工，接受了正规的职业培训，之后他被安排到店内的各个岗位实习。贝尔没有辜负里奇的一片苦心，经过几年的锻炼，全面掌握了麦当劳的生产、服务、管理等各个环节的工作流程，年仅19岁就被提升为麦当劳澳大利亚公司的店面经理，27岁成为麦当劳澳大利亚公司副总裁，后来，他又被调到美国总部，先后担任亚太、中东、非洲及欧洲地区的总裁。2002年年底，他被提升为首席运营官。2004年4月，他担任麦当劳公司的总裁兼首席执行官，成为麦当劳历史上最年轻的首席执行官，负责麦当劳在118个国家超过3万家餐厅的经营、管理。

这一切看似顺理成章，实际都源于贝尔不断地努力、追求卓越的工作态度和精神。他在每一个岗位、任何一个职位上都一如既往地关注细节，以"多做一点点"的精神给下属起到表率作用。比如，在顾客用餐最多的时间，他总是和员工们一起去站台服务并亲自接待顾客，这一点是其他任何一位首席执行官都无法做到的。查理·贝尔从一位扫厕所的员工做起，成长为麦当劳的首席执行官，靠的就是这种"多做一点点"的精神。

所以，在工作中，即使是一名普通的员工也要有肯付出的精神，主动比别人更努力一点儿，每天多做一点点就可以多赢一点儿，多赢一点儿就可以离成功更近一点儿。

6. 职场中就要公私分明

在工作中，时时刻刻都要严格律己、公私分明，这样才能形成良好的纪律和职业道德。

公私不分是工作时的大忌，在把握的界限上加强自律，既可以避免让自己陷入以公肥私、以私废公的泥沼，也可以少惹是非，更单纯轻松地投入工作。

公司是讲求效益的地方，任何投入必须紧紧围绕产出来进行。上班的时候处理私人事务无疑是在浪费公司的资源和时间。如果你有在工作期间处理私人事务的坏习惯，老板就会觉得你不够忠诚。如果他有了这样的想法，不用说脱颖而出，你离卷铺盖走人估计也不远了。

上班时间不做私事是公司对每一个职员最起码的要求。也许你会认为这是无伤大雅的小事，但如果每个人都假公济私，在办公室里打私人电话、发私人传真或因私事上网，其直接后果是增加了公司的通信开支。而这，当然是老板不愿意看到的。

在工作岗位上，自律是种非常关键的品质。也许并不是每个人每天都能以最好的状态去工作，但是不管怎么样，请你记住，上班时间千万不要做私事，因为这是职场人最基本的自律，也是一种职业道德。

想要做好公私分明，自律上必须做到以下几点：

1. 上班时间不做私事

这是公司对每一名职员最起码的要求，也是员工对公司最起码的尊重。虽然很多人认为在上班时做点儿私事无伤大雅，但假如每个人都利用公司的资源做私事，比如在办公室里打私人电话、发私人传真或因私事上网，无形之中就为公司增加了开支，到时候公司找你"开刀"就不妙了。公司不能赢利，你自然得不到更多的薪水，公司倒了你就会失业，怎么说都占不到便宜，这种情况是最典型的因小失大。

公私分明是作为职员应该遵守的职业纪律和职业道德。在上班时办私事，不仅会耽误工作进度、影响工作气氛，还有可能造成公司和职员之间"谍对谍"状况的发生，例如大家都在上班时间办理私事，久而久之，公司就不得不采取防范措施，如电话上锁、计算机加密码等，徒增双方的困扰。因此，不在办公室里处理私事，不仅不会破坏上司对下属的好印象，使上司放心；而且公司无须采取防范措施，也就不会伤及职员与公司之间的感情，从而营造出一种轻松、和谐的工作气氛，对双方都好。

2. 不侵占公司的物品

不要占用公司的一个纸袋、一个信封、一支铅笔甚至一张信纸。这些看来微不足道的小细节反映出来的是一个人的职业操守。

3. 不要把私人物品放在办公室里

在办公室里，除了雨具、备用的衣服、餐具、小镜子、梳子等必备用品外，尽量不要把其他的私人用品放在办公室里。严格来说，不仅不应该在公用的柜子里放置私人用品，也应该尽量不要在个人办公桌的抽屉中放置过多的私人物品，否则很容易给人留下不好的印象，甚至会让主管觉得你并没有把办公室当作工作场所（但少数讲求个人特质的文化产业属于此原则当中的例外）。

对有些人来说，清楚明确地把公事与私事分开是很难做到的，有太多的"诱惑"会让他们在谨守分寸之间迷失、挣扎，这多半是因为自律不足。相反地，对另外一些人来说，公私分明是再简单不过的事，因为自律让他们心中多了一道防线，同时也给他们增加了一个让自己更优秀的理由。

一位老板曾经这样评价一位当着他的面打私人电话的员工："我想他经常这样做，否则他怎么连我也不防？也许他没有意识到这有悖于职业道德。"另有某公司的老板说："我不喜欢看见报纸、杂志和闲书在工作时间出现在员工的办公桌上，我认为这样做表明他并不把公司的事情当回事，他只是在混日子。"

对老板来说，在工作时间处理私人事务的习惯，很大程度上反映出员工的工作态度。有些老板通常把私人事务的多少当作一位员工是否积极上进、安心本职工作的考核标准。因此，公私不分、在工作时间处理私人事务既影响你的工作质量，也直接影响你在老板心目中的形象。你有没有想过，公司所付给你的薪水是到下班为止，即使是下班前一分钟也不容许你做自己的事。这些虽都是小事，但却体现出了一个人的工作态度、行为方式、做人理念，因此是不能疏忽的。

7. 让敬业成为一种习惯

古人说:"百行业为先,万恶懒为首。"有了业之后,还要"敬业"和"乐业",只有敬业,人生才更精彩。

每个人的身边总有这么几个极端分子,有的做起事来像拼命三郎,一丝不苟地追求完美而且勤奋又敬业。有的一天只做两件事:打卡和混日子。偏偏,后者还特别喜欢对前者进行一番冷嘲热讽,时常酸不溜丢地问:"这么拼命干吗?老板又没给你加薪!"因为在这些人的眼里,对工作多付出一分,就意味着必须马上获得不只一分的回报,否则绝不愿意多做一点儿分外事,更不用提什么追求完美,那等于浪费时间,也等于是亏本生意。

不过,优秀的人绝不会这么想,对他们来说,敬业态度是本分,就像活着要呼吸一样天经地义,没有理由,只有习惯,这种习惯正是在长年累月的自律中逐步养成的。

一些年资较长的同事或主管常常会发出类似的感慨:"现在年轻人的敬业精神已经大不如前。平时工作漫不经心就算了,犯了错还说不得。对他们要求严格一点儿就直接一走了之。能够虚心学习、踏实苦干、认真负责的真的不多了。"

的确,敬业精神原本应该是必备的职业道德,但现实情况却是我们在职场上越来越少看见。如果能把敬业态度转化为一种习惯而根深蒂固地存在，那么将可从中受益终身。

业绩卓著的采购员张一鸣除了专业能力让同事们深感佩服之外，他对于工作投入的敬业精神更是值得每一位在职场打拼的人好好学习。

刚毕业的时候，张一鸣曾经花了很长一段时间学习和研究怎样用最便宜的价钱把货物买进，使公司更赚钱，当时他甚至还不是一名正式的采购人员，这么做只是因为他将"成为专业采购员"设定为职场目标之一。

在持续努力之下，他果然成功地进了采购部门，此后他开始非常勤奋地工作，千方百计地找到供货最便宜的供货商，买进上百种公司急需的货物。其实张一鸣所担任的采购工作并不需要特别的专业知识，其他部门提出需要采购什么后，他只需要决定到哪儿购买就可以了，但他付出职责范围以外的努力，兢兢业业地为公司节省了大量资金，成效斐然。

29岁那年，公司将1/3的产品采购任务交给了他，这时他为公司节省的资金已超过80万美元。得知这件事后，副总经理马上就为他加薪，而他的付出和努力更赢得了总裁的赏识，连年晋升，一直到36岁那年被任命为副总裁，年薪超过10万美元。

张一鸣这种对工作的狂热和激情不一定适用于每一个人，但他的敬业精神却值得我们所有人学习与仿效，尤其是隐含在这种敬业精神背后的自律态度更值得人们深思。

所谓"敬业"，就是要敬重你的工作。我们可以从两个高低不同的层次进行理解。从低层次来说，敬业是为了对老板有个交代，出色地完成工作任务；从高层次来说，敬业是把工作当成自己的事业，是对工作具备一定的道德感和使命感。总而言之，"敬业"的表现就是认真负责、一丝不苟、有始有终。拥有自律能力者较容易办到，反之，缺乏自律精神者则很难做到这一点。

有的人没有认清工作的本质目的是"自我价值的提升"，误认为上班是为他人赚钱，因此在工作上总是能混就混，总认为反正不管公司赚钱还是亏钱都和自己没关系，也不用自己去承担。其实，工作敬业，表面上看来是老板获得好处，但实际受惠的还是自己。因为和不敬业的人相比，敬业的人能在工作中学到更多的经验，而这些经验就是你未来能持续向上发展的垫脚石。就算以后换了公司或行业，敬业精神同样会对你有益。借由自律把敬业转变为习惯的人，不管从事哪种行业都比较容易获得成功。

也许有些人天生就有敬业精神，对于任何工作，一上手就会全力以赴，但多数人的敬业精神则需要后天的培养和锻炼。如果你认为自己还不够敬业，那就应趁年轻的时候强迫自己学会敬业。经过一段时间的自律之后，让敬业变成大脑中的一种习惯。

具有敬业精神或许不能为我们带来立竿见影的好处，但可以肯定的是，如果不知自律地要求自己敬业，成就将会相当有限，因为散漫、马虎、不负责任的做事态度已经深入了意识与潜意识，做任何工作都只是敷衍了事，结果如何可想而知。

第 11 章

如何管好自己的情绪

情绪是可以管理的。通过对自身情绪的认识、协调、引导和控制，可以充分挖掘我们的情智，培养驾驭情绪的能力，从而确保我们拥有良好的情绪状态。良好的情绪是成功的一大因素，它能让你在困境面前保持坚忍、勇敢，它也终将把你引上成功之巅，让你成为一位卓有成就的人。

1. 征服情绪，才能征服一切

米开朗琪罗曾说："被约束的才是美的。"对于情绪来说也是如此。一个人的情绪如果不能得到有效的调控，如果遇到喜事的时候就喜极而泣，遇到悲伤的事情时就一蹶不振，那么人就有可能成为情绪的奴隶，成为情绪的牺牲品。相反，如果能征服自己的情绪，就能征服一切。

当然，情绪有很多种，如希望、信心、乐观、悲哀、愤怒、失望、忌妒、仇恨等，其具体的体现就是我们的心情。

可以试想一下，如果你一会儿心情忧郁，情绪一落千丈；一会儿又怒火中烧，使你的朋友们对你敬而远之；一会儿又情绪高昂、手舞足蹈，谁还愿意与这样情绪不定的人交往合作？而且，情绪不稳定的人对于自己确立的目标也常常不能坚持到底，做事容易情绪化、朝三暮四，高兴了就做，不高兴就扔在一边，丝毫没有计划性和韧性，这样的人能成功吗？

因此，一个人成功的最大障碍不是来自外界，而是自身。除了力所不能及的事情做不好之外，自身能做的事不做或做不好就是自身的问题，是自制力的问题。只有成功地控制了自己的情绪，才能够走向成功。

很久以前有一个年轻人，当他每次生气和人起争执的时候，就以很快的速度跑回家去，绕着自己的房子和土地跑3圈，然后坐在田地边喘气。他工作非常努力，他的房子越来越大，土地也越来越广，但不管自己多么富有，只要与人争论生气，他还是会绕着房子和土地跑3圈。为什么他从来不暴跳如雷呢？大家都很奇怪。

许多年过去了，他已不再年轻。但他心情不愉快的时候还是一如既往地拄着拐杖艰难地绕着土地、房子走完3圈。他的孙子在身边恳求他："爷爷，您年纪大了，这附近地区的人没有人的土地比您的更大，您何必这么辛苦呢？"

他笑了笑，终于说出了隐藏在心中多年的秘密："年轻时，每当我生气、郁闷，就绕着房子与土地跑3圈，我还会边跑边想，我的房子这么小，土地这么小，我哪有时间、哪有资格去跟人家生气？一想到这里，气就消了，于是就把所有的精力用来努力工作。可是现在，我一边走一边想，我的房子这么大，土地这么多，我又何必跟人计较？这样，我的心又平静下来。我从来不会浪费时间去沮丧，所以每一天都过得很快乐。"

这位老人可谓是深谙生活的智慧，因为他懂得自己改变不了天气，却能够改变心情。

确实，在日常生活中，我们难免会遇到愤怒和悲伤的事情，这个时候，要做的不是自暴自弃、忧伤难过、愤怒发火，而是要学会运用理智和自制来控制情绪，一定要学会自我调节，千万不能任由负面情绪蔓延。

例如，当我们内心焦躁的时候，要试着理智地分析原因、恢复自信，让自己振奋起来。

当我们感到抑郁的时候，不要把自己封闭起来，要试着通过交谈、运动、听音乐、看书等方式来缓解内心的压抑，让自己慢慢得到解脱。

当我们忌妒的时候，让自己变得宽容一点儿，试着去看到别人身上的优点，学会欣赏和给予真诚的赞美，不要把时间和精力用在议论别人身上。

当我们疲惫的时候，去散散步、唱首歌，消除一下心中的烦恼，清理一下烦乱的情绪，唤起自己对美好生活的憧憬，体会活着的幸福。

人是一种情绪动物，只要与人打交道就自然会有各种负面情绪滋生，但假如任由恶劣情绪控制自己，人生将变得毫无乐趣。被愤怒控制，会因冲动铸成大错；被烦躁控制，会坐立不安、一事无成；被忧伤控制，会日渐消沉，看不到生活的希望。

如果你能够恰当地掌握好情绪，那么将在别人心目中留下"沉稳、可信赖"的形象，你的人生也必定会因此而受益匪浅。

总之，驾驭好自己的情绪、增强自控能力是取得成功的一个重要因素，也是获得成功人生的重要法则之一。

2. 别错在感情用事上

人是一种感性动物，虽然有时能够保持理智，但也逃脱不了感性的束缚。仅凭一时的好恶行事，只能一直犯错。

与人交往时，关键在于控制自己的感情，保持头脑冷静、自律自省，做到喜怒不形于色，这样人们就无法从我们的言语、行为甚至脸部表情中窥测到我们内心的真实想法。

如果遇到问题就感情用事，开始发怒、生气，不仅于事无补，反倒会让你的处境越来越糟。想办法去解决摆在面前的问题，克制一时的冲动、谨言慎行，学会冷静地思考、理性地判断，才是真正有用的。

然而，有些人根本没法控制自己的感情，他们一遇到不愉快的事情就怒气冲天，或者一听到高兴的事情就笑逐颜开。如果他们能多关心别人，经常反思自我、自律自警，那么一切都会变得更好。这种人可能更习惯让理智控制自己的心情，而不是像大多数人那样让心情控制了理智。

所以，能够理性思考的人才是真正明智的人，而感情用事则是犯错误的开始。

下面是一则关于巴顿将军的故事。

巴顿是一个军事天才、传奇人物。然而，他那两次冲动的"打耳光"事件却让他臭名远扬，还把他辛辛苦苦赢得的美名一笔勾销。

第一次发生在意大利，1943年8月，炎热的午后，跟往常一样，巴顿来到西西里的撤退医院看望伤员。一个帐篷里住着10~15名的伤员，他跟战士们聊着，前五六个都是打仗时挂了彩。巴顿问候了他们的伤势，对他们的英勇表现给予了夸奖，并祝他们早日康复。

接着，巴顿走到一个发高烧的伤员前，没说什么就过去了。下一个伤员蜷缩在地上，浑身发抖，巴顿问他怎么回事，他说"是神经问题"，然后就哭了起来。原来，这位伤员患上了名叫"弹震神经症"的战场疲劳症。

巴顿喊道："你说什么？"士兵答道："是我的神经问题，我再也受不了炮弹的声音了。"他还在哭。

巴顿大声喊道："你的神经问题？你是个懦夫！你这个胆小的兔崽子！"他给了士兵一记耳光，说，"闭上你的嘴，别他妈哭了。我不会让其他受伤的勇敢士兵坐在这儿看你这个胆小鬼哭鼻子！"他又踹了士兵一脚，把他踹到另一个帐篷里，致使他的头盔衬垫都掉了。然后，他扭头对伤员接收官吼道："不要收留这个胆小鬼，他一点儿事都没有，我可不允许医院里都是些没胆打仗的兔崽子！"

然后，巴顿又转向那个士兵，士兵正在大家的注视下哆哆嗦嗦地挣扎着站起来，巴顿对他说："你给我滚回前线去，你可能会吃枪子儿、被打死，但你还是要去打仗。你要是不去，我就派人把你按到墙上，找行刑队把你毙了！"他又说，"说真的，我应该亲手把你毙了，你这个哭哭啼啼的懦夫！"边说边把手伸进枪套。走出帐篷时，他还一路上对伤员接收官喊道："把那个胆小鬼给我送到前线去！"

第二次与第一次的情况差不多。一个士兵向他诉苦说得了"弹震神经症"，他用手套扇了士兵一耳光，骂道："我不要那些勇敢的孩子们看到你娇生惯养！"

因为不擅自制、感情用事，结果巴顿的工作受到影响，别人也不那么尊敬他了。

假如你发现自己被一种突然爆发的感情、疯狂或愤怒所控制，那就默默地在心底克制它，至少在你觉得这种情绪尚未消除之前不要讲话。尽可能地保持面色平和、神情自然、注意力集中，如此能帮助你养成处世冷静的习惯。只要你小心谨慎地掩饰你内心的愤怒，那么你就会成为最终的胜利者。

如果你动不动就生气，那是因为你自身还存在很多问题。你得找出这些问题解决它们，然后继续前进。

或许你还不知道，其实，别的人或事并不能使我们愤怒，他们只是点燃了我们内心深处本来就有的愤怒。这个道理很简单，也很容易理解。这就像你切开一个柠檬然后拿起来挤，会挤出柠檬汁一样。如果你把一个发怒的人"切开"，然后拿起来"挤"，挤出的肯定是愤怒。也就是说，如果我们心里本来就没有愤怒，是挤不出愤怒的。

但是，如果我们足够对自己负责，就会控制自己的情绪，就没有什么东西能影响我们了，就可以做到不以物喜、不以己悲了。

3. 用自律来克制嗔念

嗔念是一种难解的执念。面对嗔念，该如何化解？唯有自律。用自律来克制嗔心，才能不怨不怒。

在《说文解字》中，嗔的意思是盛气，这就是说一个人不能戒嗔就会变得盛气凌人，于人于己都不利。

嗔心似乎是人天生就有的一种人性的弱点，就连刚刚出生的小孩子也或多或少有些嗔心，例如他希望母亲喂奶给他吃，稍不如他的意，他马上就会拍手舞脚，大哭起来。可以说，人与生俱来皆有嗔心，而在人生的修行中能够戒除自己的嗔心也是非常重要的一门功课。

佛语云：当愚痴的邪风吹来的时候，要抱紧智慧明理的磐石；当嗔怒的烈火炽盛的时候，应泼洒柔和忍耐的法水；当贪欲的洪流高涨的时候，需开启喜合布施的闸门；当骄慢的高山隆起的时候，需运用谦虚尊重的巨铲。一个人只要通过自律来管住自己的坏脾气、端正自己的态度，就会成为一个道德高尚的人。

从前有一个坏脾气的男孩,他父亲给了他一袋钉子,并且告诉他,每当他发脾气的时候就钉一个钉子在后院的围栏上。第一天,这个男孩钉下了37根钉子。慢慢地,他每天钉下的钉子数量减少了,他发现控制自己的脾气要比钉下那些钉子容易。于是,有一天,这个男孩再也不会失去耐性、乱发脾气。他告诉父亲这件事情,父亲又说,从现在开始,每当他能控制自己脾气的时候,就拔出一根钉子。时间一天天过去了,最后男孩告诉他的父亲,他终于把所有钉子都给拔出来了。

父亲握着他的手,来到后院说:"你做得很好,我的好孩子,但是看看那些围栏上的洞,这些围栏将永远不能恢复到从前的样子。你生气的时候说的话就像这些钉子一样会留下疤痕。如果你拿刀子捅别人一刀,不管你说多少次对不起,那个伤口将永远存在。话语的伤痛就像真实的伤痛一样令人无法承受。"

人一旦有嗔心,大多会变得怒目狰狞、难以接触,这样的人自然不会有好的人际关系。但是不要以为不会"动怒"的人就没有嗔心,有的人口蜜腹剑,这是隐藏的嗔心,这种嗔心虽然没有外在的表现,却也属嗔心,对人同样无益。

唐代宗时,权震当朝的宦官鱼朝恩问药山禅师:"《普门品》中说'黑风吹其船舫,漂堕罗刹鬼国',请问什么是黑风?"

禅师说:"黑风就是人的嗔心,人有嗔心就容易陷入魔道。"

鱼朝恩问:"那何谓鱼朝恩?"

禅师不客气地直呼:"鱼朝恩!你这个呆子,问这个问题做什么?"鱼朝恩听了勃然变色,药山禅师笑道:"这就是嗔心。"

鱼朝恩因为不喜欢药山禅师对自己嘲笑讥骂,嗔心马上就生起,立刻就要发作。在现实中,破口相骂、举拳相打都是由于嗔心所发。嗔心可以毁灭世界上一切美好的东西,例如爱情和婚姻。两个人再恩爱,但是只要嗔心一起,便会产生争执,最后必定将爱情葬送,双方都会因此承受严重的后果。

嗔心是人生最大的"病",这病又是从何而来呢?星云大师说:嗔心其实就是由"不爱"而生起。所谓的"不爱"就是憎恶。因为不爱别人做事有不如自己的意之处、不爱别人胜过自己、不爱自己所爱的被别人夺去,所以产生了无尽的嗔心。嗔心给人带来的坏处是显而易见的,每个人都有过直接的体会,每个人也都想戒掉自己的嗔心,但是说起来容易,做起来难。一个不懂得"爱"的人,很难真正消除嗔心。

有一个富豪总认为自己手下的人非常愚蠢,完全没有可爱之处。儿女奴婢无论做什么事,稍有不如他的意,他就怒火中烧。

因为他性情暴躁,家中财产虽多,可是人口却总是不旺。他自己也知道嗔怒不好,一心想改,就在一块小木牌上写上"戒嗔怒"3字,挂在胸前警诫自己。一天晚上,他听到家里的仆人聚在一起议论:"我们的主人嗔心太大,不如隔壁刘先生仁爱慈和,所以时时都想离开他。"

"你们的胆子真大!"说完,他就拿下挂在胸前"戒嗔怒"的木牌打那个批评他的仆人,大怒道,"我现在已经很有修养了,把嗔心都已消除，你们还要说我不如人！"

这个人自认为胸口挂上一个"戒嗔怒"的牌子就没有了嗔心，但他还是不爱听别人说他的过失，不爱听说别人比他好，更不觉得他人有可爱之处，所以嗔心还是没有消除。

要想真正根治"嗔病"，只需要记住两个字：爱、忍。

人之所以会患嗔病，就是缺乏修养的功夫，一遇到不爱的逆境当前，一遇到什么不顺利的事情，会好像天地间的万物都在嘲笑自己，一切都是可憎可厌的，恨不得一拳把世界粉碎。

其实人生中哪有那么多的不顺利？人需要懂得世间一切都是平等的，别人有对你不好的地方，但是同样他们也曾给过你不少的好处，你应该去"爱"每一个给过你好处的人，忍让每一个曾经给你带来过灾难的人，只要有了这种忍的修养，嗔的大病就不易生起了。其实，世间一切不爱的事情、一切难以解决的问题，难道起嗔心就能解决吗？肯定是不能的。嗔心只会增加事态的严重性。所以，凡事都要仔细想想，不要无谓地嗔怒。就像佛说的那样："若以争止争，终不能止；唯有能忍，方能止争。"

4. 生气不如争气

人生不如意事十之八九，与其小题大做、闹情绪，不如从自己身上找原因，做回争气的自己。

哲学家说，生气就是用别人的错误惩罚自己。仔细想想，这句话真是人生的真理。我们之所以会生气，大部分原因是因为别人对自己犯下了错误。而生气除了能让自己不愉快，又能改变什么呢？这难道不是在用别人的错误惩罚自己吗？我们与其为别人的错误而生气，倒不如自己努力，给自己争口气实在。

道理很明白，但是很多人却做不到。因为在遇到问题的时候，我们总是喜欢从别人身上找原因，为别人而生气，却很少将问题归结于自己的不足，督促自己进步，获得解决问题的能力。星云大师说，生气，生气，现代人因为太容易生气了，因此社会到处充满了杀气、火气、怨气、恨气、怒气，乃至秽气、臭气，真是到处乌烟瘴气。虽然父母师长时常叫我们要争气，不要生气，可是我们遇到挫折困苦的时候总是不能坚强忍耐，不懂得自我争气。

因此我们应该警醒，有和别人生气的时间，真不如自己给自己争口气。

一位作家被邀请去一所大学做演讲比赛的评委。参赛选手经过抽签确定了演讲的顺序和主题之后,第一位选手表情很不满地走上台去。"同学们,尊敬的评委们,这是一场不公平的比赛!我领到这张纸以后,只有几分钟时间做准备,在我之后的人有更充裕的时间做准备,这是不公平的!"

在众人一片惊讶的表情下,他走下讲台,冲出了大厅。这个学生的离开并没有给比赛造成任何影响,比赛顺利进行,有人在比赛中获得了荣誉,有人则锻炼了自己。

过了几天之后,这位作家偶然遇到了那个生气离开的男孩,就对他说:"你因为不公平而生气、而离开,可是你有没有想过,只要自己争气,那么即便是不公平,你也能获得成功?"

男孩听了作家的话之后非常惭愧,但是他也从中领悟到了做人的道理。

生活中,我们总是会遇到一些比较困难或者自己不愿意做的事。当这些事情无可避免地发生在自己身上的时候,生气又有什么用呢?只有给自己争气才能摆脱困境、走向辉煌。

所谓争气,就是不因一时的失败而泄气,要能力图上进;不因一时的挫折而丧气,要能奋发图强;不因一时的贫苦而壮士气短,应该鼓舞精神,更加争气。当一个人受到挫折与委屈时,只有自己努力争气,能以愿心为动能,能够化悲愤为力量,才有前途与未来。

有一个年轻人经常因得不到领导的赏识而生气抱怨。一天,他去拜访恩师,并向其道出了自己的烦恼。恩师听后,就领着这个年轻人到了海边,他弯腰捡起一块鹅卵石抛了出去,扔到了一堆鹅卵石里,并问道:"你能把我刚才扔出去的鹅卵石捡回来吗?""我不能。"年轻人回答。"那如果我扔下一粒珍珠呢?"恩师再问,并颇有深意地望着年轻人。年轻人顿时恍然大悟:一味地生气抱怨只是徒劳,唯有争气,凭借实力迅速脱颖而出,才是明智的做法。

如果你只是一块平常无奇的鹅卵石,就没有生气与抱怨的权利,因为你自身还没有被注意的闪光点。此时就需要争气,不断提升自身的实力,最终成为一粒耀眼的珍珠。到那时,你说话才能理直气壮、掷地有声,最终得到别人的认可与尊重。

要争气,就得先要有志气。立志向上、立志做人、立志争气。立志就是争气的原动力。要想自己不生气,就必须要争气;我们要想争气,就必得先要立志。人有志气,又何患无成呢?

一个人想要有忍耐力,就要清楚地知道自己到底想要什么、到底渴望什么,这是开发忍耐力最重要的钥匙。没有明确的目标就像大海里的一片树叶,随波逐流,永远也达不到彼岸。

5. 放平心态，做一个冷静的人

冷静，能够让你的情绪得以克制。无论成功还是失败，你都应该时刻保持冷静。

受挫时要保持冷静，在冷静中镇定反省；成功时更需冷静，在冷静中寻找新的起点，创造更大的辉煌。冷静与思考并生，它使人深邃、催人成熟；冷静即力量，它使人充实、永葆青春。

一个人若不能控制自己的情绪，放任自己的负面心理，便很难获得成功。所以，在一切困难和坎坷面前，你一定要做到心态上的自律，让自己始终保持冷静。

西方有这样一则寓言：一只狮子被猎人捉来后扔进笼子里。一只蚊子飞过这里，看到了在笼子里面不停地走来走去的狮子，问："你这样走来走去有什么意义？"狮子回答说："我在找我能够逃出去的路。"可狮子怎么也逃不出去，于是它躺下来休息，不再去想逃走的办法。可是蚊子还是在火急火燎地询问它逃出去的办法。

狮子无精打采地说："我现在在休息，因为我找不到逃出去的办法，所以还是耐心地等待机会吧。"

当蚊子还想问时，狮子终于发火了："你总是这样问来问去的有什么意思？我始终都清楚自己在想什么、在干什么，因为我一直保持着清醒，实在逃不出去我也没有办法，我已经尽力了，不像你只会问来问去。"

虽然狮子最终没有逃过被杀死的命运，但是它却始终保持了清醒的头脑，这使它不会感到遗憾，因为该想的办法、该做的努力它都已经试过了。

其实，人也应该这样，也需要始终保持清醒的头脑，只有这样，一生才能无所遗憾与牵挂，才能够清醒地认识自己。这有利于我们更好地完善自己，实现人生的全部意义。

有句话是这样说的："冷静质疑是理想的筋骨，保持冷静质疑的态度也是清醒的表现。人生中最大的痛苦就是糊涂一生，虽然有时会说糊涂也是一种幸福，但更多的则是悲伤与苦涩。"

冷静说起来容易，但是做起来却很难。我们太容易愤怒、太容易慌张，所以要想冷静就要有强大的自律精神。古今中外，因为不冷静而铸成大错的例子不胜枚举，著名的俄罗斯诗人普希金就是因为不够冷静，当听说自己的情人被他人纠缠时，冲动地找他的情敌比剑，结果白白断送年轻的性命，成为世界文学史上重大的损失。《三国演义》中的关羽也是由于不够冷静，不能对当时的战场情况作正确的分析，一味地蔑视敌人，结果兵败走麦城，死于无名小卒之手。

人类有一个有趣的特征，那就是越到需要紧迫作出决定的时候，思想越容易混乱，有的人的思维干脆已经不作反应了，这就是人们常说的"惊呆了""急慒了""惊慌失措"等。就是因为这种惊呆和急慒，很多不幸就这样发生了。这时，假如你能有冷静的情绪、清醒的头脑,很多危险都是可以杜绝和化险为夷的。就像伟大的军师诸葛亮一样,司马懿率重兵于城前,他却能够保持冷静的头脑,上演一出"空城计",令司马懿狐疑不敢前行,最后退去。这是何等的冷静和睿智。

因此,你要记住,越在危急的时候越需要冷静。假如你的生活中出现了重大的变故,你一定要保持镇静,至少看上去是镇静的。因为惊慌是带有传染性的,你会把这种坏情绪传染给你身边的人,这样,他们会更加惊慌,如此这般很容易形成恶性循环,甚至造成很严重的后果。

有一个这样的故事,青蛙王国的国王要为女儿选纳夫婿,要求就是组织一场攀爬比赛,第一个爬到塔顶的青蛙就会得到貌美如花的青蛙公主。

因此,群蛙纷纷报名,场面甚是热闹。

这是一个非常高的铁塔,仰头都看不到它的顶端,仿佛直插云霄一样,看一眼就让人感觉头晕目眩,比赛还没开始,就有一些青蛙临时退出了比赛。

比赛开始了,围观的群蛙纷纷议论着,它们认为爬塔的难度太高,不可能成功。

这座铁塔的确很难爬,又陡又滑,一不小心就会丧命,再加上群蛙不停地议论,所以,青蛙们一只接一只地开始泄气退出了,仅有情绪高涨的几只还在往上爬。

群蛙继续喊着太难了,不可能爬上塔顶的,会丧命,赶紧下来。

就这样,越来越多的青蛙累坏了,退出了比赛。

最后，其他的所有青蛙都退出了比赛，仅有一只却还在越爬越高，一点儿没有放弃的意思。终于，它成为唯一一只到达塔顶的胜利者。

它哪来的那么大的毅力爬完全程呢？难道它不知道爬塔很危险吗？难道它没听到塔下群蛙的议论吗？

大家议论纷纷，胜利者却置若罔闻。

这时大家才发现，这只抱得美人归的青蛙原来是个聋子。

故事中的聋子青蛙之所以能够坚持到最后，就是因为它没有被周围的恐慌气氛所影响，保持着冷静的态度，这就说明，其实大部分时候，我们所面临的处境并没有那么可怕，但是不冷静的流言却放大了恐惧，使我们总是生活在恐慌之中，由此可见冷静是多么可贵的品质。

那么，当我们在生活中遇到难题的时候，该如何保持冷静、克服内心时常产生的烦恼情绪呢？下面提供几条比较实用的建议：

1. 冷静防火墙———"想法灭火"

你会心生不满，是因为你对身处的状况做出了不利于自己的评价。例如："他迟到那么久，根本就是不在乎我！"或者会认为："他是故意伤害我的感情！"这么一想，你当然怒不可遏，心情立刻愤愤不平。

在这个"动念发火"的当下，只要能多一分自我觉察的功力，在心中与自己作辩论："且慢，这个解释真是唯一正确的答案吗？"于是你心中便会产生其他的想法来作解释："也许他是不得已才迟到的！""恐怕是我错怪了他！"这样就能成功发挥第一道防火墙的灭火功能而不致失去理智。要建筑坚固有力的"防火墙",你必须拥有良好的自觉能力以及具备同理心和善意解读世界的能力。

2. 冷静防火墙二——"冲动灭火"

万一第一道防火墙被突破,你没来得及拦截住心中负面的情绪,这时就会产生一些冲动的念头:"我就要给你点儿颜色瞧瞧!""我豁出去了,不让你难受,我誓不罢休!"多年演讲和听众互动的经验告诉我们,即使再温柔和善的情商高手也曾有过不理性的冲动念头——"我真想打人!"

这个蠢蠢欲动的当下,如果"灭火"得当,就能避免悲剧的产生。怎么做呢?建议你跟自己的心对话:"再等一下就好。"然后开始进行"数数法",在心里如此默数:"1、4、7、10、13……"以此活络大脑的理性中枢,而其他的理性想法也就能跟着出现:"等等,这么做并不能真正解决问题。"因此能悬崖勒马,不致冲动行事。

人总是太容易生气。遇到不如意的人、事,心中便生出怨恨而气恼,因为气恼,所以我们的人生变得怨气冲天、毫无乐趣。在面对责难和不幸时,能够保持冷静是成功者的美德。

3. 冷静防火墙三——"行动灭火"

万一发现前两道防火墙也失效,于是你发觉自己开始恶言恶语,要不动手动脚起来,这时虽然你已经开始非理性的行动,只要不放弃,你仍然是能够冷静的。例如,一旦意识到自己的言行失态,就要考虑到自己的格调(这实在不像我!)以及对方所受的身心创伤(天哪,他会被我打伤!),就能立即停止动作,避免造成更进一步的伤害,这样就能为行动灭火而逐渐冷静下来。

抓狂,是需要冲破3道防火墙的,只要你做好情绪的"消防检查",了解自己哪一道防火墙仍待加强、多加练习后,就能为激情灭火,平心静气而冷静自在,获得幸福与快乐的人生。

6. 忍耐,是一种修养

忍耐,是一种品德,更是一种修养;忍耐,不是畏首畏尾,而是为了更好地进取。

在古罗马有一句谚语:"忍耐是为了学习,火才是为了燃烧。"它告诫了人们这样一个道理:冲动是魔鬼,它就像火一样将我们活活烧死。所以,你一定要学会忍耐。如果通过忍耐能化解不该发生的冲突,这样的忍耐永远是值得的。

确实,有时候,人不得不学会忍耐,因为"小不忍则乱大谋"。一时冲动可能会给自己带来终生的遗憾,就好像一个人脑子一热而扣动扳机就会夺去另一个人的生命一样。如果你想和对方一样发怒,你就应想想这种爆发会发生什么后果。如果发怒必定会损害你的利益,那么你就应该约束自己、控制自己,无论这种自制是如何困难。

汉初,名臣张良在外出求学时曾遇到过一件事。

有一天,张良走在一座桥上,看到一个老人穿着粗布衣服在那里坐着,见张良过来,他故意将鞋子扔到桥下,冲着张良喊:"小子,下去给我把鞋捡上来！"

张良听了一愣，本想发怒，但看到对方是个老人，就强忍着怒气到桥下把鞋子捡了上来，老人说："给我把鞋穿上。"

张良想，既然已经捡了鞋，就好事做到底吧，就跪下来给老人穿鞋。

老人穿上后笑着离去了。但他一会儿又返回来对张良说："孺子可教也。"于是约张良再见面。这个老人后来给张良传授了《太公兵法》，使张良最终成为一代良臣。

老人考察张良，就是看他有没有遇辱能忍的自我克制的修养，有了这种修养，以后才能担当大任，处理多种复杂的人际关系和艰巨的事情，才能遇事冷静，知道祸福所在，不意气用事。我们在平时要注意这种修养，克制、忍耐，处理好遇到的人和事。

要知道，世界不是掌握在嘲笑者手中，而是掌握在那些遭到别人嘲笑、怀疑却依然能在困境中不断前进的人手中。记住，你蹲下、跪下，是为了能跳得更高。这就像一个运动员，只有当他蹲下或跪下时，做出起跑或起跳的充分准备，才能更好地将全身的力量爆发出来，跑得更快，跳得更远、更高。所以，为了跳得更高，你必须学会忍耐、忍耐、再忍耐。

当然，忍耐不是盲目地容忍，不是无原则地放纵，不是一味地宽容，不是有朝一日的爆发，也并非忍气吞声，更非卑躬屈膝，而是一种策略，是为了学习，是为了保存自己，是为了将来跳得更高，同时也是对自己的磨炼。能忍人所不能忍，才能为人所不能为。

真正的忍耐是人格上的独特魅力，甚至是一种人格上的升华，真正的忍耐是没有动机可循的，能够忍耐的人仅仅是因为怀有一颗包容之心。

如果能真正做到忍耐，就是一种真正的修养。当然，要做到这一点并不是一件容易的事情，它需要修身、养性、修知、养气，要求我们在待人接物的时候有一颗平常心。

在非洲的戈壁滩上有种小花叫作依米。这种花需要忍耐6年的漫长岁月才能开一次花，而花期却只有两天。两天过后，这种花便迅速枯萎了。

由于气候干旱、土地贫瘠，更何况这种小花只有一条根吸收水分，在6年的时间里，炎炎烈日烧灼它，漫天风沙肆虐它，然而依米小花毫不气馁，依然默默地等待、默默地生长，它知道，总有一天，根须深入到一定程度就会绽放绚丽的花朵。依米花用生命的轨迹向我们昭示，只有忍耐才能美丽，只有忍耐才终有成就。

柏拉图说："稍忍须臾是压制恼怒的最好办法。"一个能伸能屈的人，不会因为一时的激愤而忘记了忍耐，因为那样只会让自己更加被动。

为了消除仇恨，宽容和忍让无疑是制止报复的良方。如果经常戴上这个"护身符"，就可保你一生平安。因为善于宽容忍让的人不会被世上不平之事所摆弄，即使受到他人的伤害，也绝不冤冤相报，而是会时时提醒自己："邪恶到我为止。"

宽容大度，能使伤害你的人感到无地自容，激起他灵魂的真正震撼，同时又中止了你敬我回的恶性循环，更为难得的是宽容大度还带来了心理上的平静，能为你赢得宝贵的时间，把精力投入事业中去。

而忍让，就是让时间、让事实来证明自己的一种方法。归根到底，退步的忍让是一种变相的争取，因为只有这样才能够摆脱人与人之间没有原则的纠缠和没有必要的争吵。

当然，忍让并不意味着懦弱可欺，相反，有忍让之心的人往往更具备自信和坚韧的品格。古人所说的"忍"字，至少包括了两个方面的德行：其一是坚韧、顽强。晋朝朱伺说："两敌相对，唯当忍之；彼不能忍，我能忍，是以胜耳。"这里的忍，也就是顽强精神的一种体现。其二是懂得克制自己。《荀子·儒效》中说："志忍私，然后能公；行忍情性，然后能修。"被称为"亘古男儿"的宋代爱国诗人陆游是一个"上马击狂胡，下马草战书"的英雄人物，同样也写下过"忍常须作座右铭"。这样的忍耐，不正凝聚着他们顽强、坚忍的可贵品格吗？有谁能够说他们是懦弱可欺呢？

其实，控制一切不良情绪的根本处方还是在于个人，至于人们所感受的压力、抱怨、焦虑，都是由心而生的一种感觉，如果一个人能认识到这一点，或许他就会真正地控制自己。相反，如果一个人不能控制自己，那他永远是自己情绪的奴隶。

诚然，控制自己冲动的情绪并不是一件容易的事情，因为我们每个人心中永远存在着理智与感情的斗争。谁都有自己的自尊，谁也不愿意容忍别人对自我的侵犯。但是，如果你不想永远被别人踩在头上，你就必须忍耐一时。

所以，控制冲动的简单技巧是：按理智判断行事，克服追求一时感情满足的本能愿望。一个真正具有控制冲动能力的人，即使在情绪非常激动时也是能够做到这一点的。

人的内心都有被人注目、受人重视、被人容纳的愿望。为了充分利用人类内心深处的欲望，要用善意的、亲切的、温和的态度与人交往。只要你与人为善，你就会自然而然地处理好人与人的关系。因此，一个人想要成功，就必须成为一个态度温和、和蔼可亲而又意志坚定的人。

7. 耐心是一种美德

耐心是一切聪明才智的基础。——柏拉图

自制力的另一个方面是耐心。想成功，就必须有等待的耐心。毕竟刚付出努力就能立刻出结果的美事太少了，期望和得到之间往往隔着漫长的距离。

在这个飞速发展的社会，许多人追求的都是快速回报。现今，大多数的人们是看着电视、吃着快餐长大的，他们用信用卡购物，喜欢超前消费，其中许多人都没有自制力和自我约束力去等待姗姗来迟的成功回报。他们处心积虑地想找出一条一举成功的捷径，但这样的可能性太小了，他们往往缺乏耐心、急于求成，结果陷入了失败的陷阱。

3只小猪的选择和任务是一样的：给自己建房，建一个能长久居住的地方。决定用稻草盖房的小猪最容易找到材料，因此房子也最先盖起来。选择用木头盖房的小猪花了更长的时间，费了更多的劲儿：盖房之前，还要先砍木头。选择用砖盖房的小猪更麻烦：它要造砖窑，点火、烧砖，它盖房子用的时间最长，但房子也最结实。

一次偶然事故，让它们住到了砖房子里。大灰狼吹几口气就把稻草房和木头房子吹倒了，然而现在，它可没办法了，3只小猪在砖房里感觉很安全。

那两只小猪之所以失去房子，是因为它们不够自制，不去盖最好的房子，只想快快完事、快快享受。

然而，那只盖砖房的小猪跟大灰狼较上了劲儿，跟往常一样，它坐在火炉边拨着火，很冷静，也很自制。它知道，狼要是控制不住自己就会毁灭。而大灰狼由于推不倒砖房而沮丧万分，于是失去了自制。为了最后拼一把，它从烟囱里跳了下去，却掉进了盛满沸水的大缸里死了。

这个寓言的主题是耐心。它告诉我们，先见之明、耐心和自制力也许不能让大灰狼不来窥探你，但有了它们，当大灰狼出现时，你就能更好地保护自己。那个盖砖房的小猪有耐心、能自律，它不仅是在盖一座房子，同时还是在磨炼自己的自制力。它为赢得最后的决战做好了准备，结果狼不但没有吃到小猪，反被小猪吃了。

用你的意志力、耐心和先见之明来缔造成功。打下一个坚固的基础，就像盖砖房一样，想一蹴而就是行不通的。快速致富计划就像盖稻草房，盖得快，毁得也快。真正的成功——得到生命中对自己最重要的东西是需要时间的。因此，我们需放眼看看前方，给自己充足的时间去成功。

　　有研究发现，要想一夜成名，必须得先苦干 15 年。然而，人们总是在奇迹发生前 5 分钟便停止努力。当你回首往事时，是否会有这样的感慨：如果当初没有放弃，多坚持几分钟该多好？你是否曾这样问自己："要是我当初多一点儿自制力，不就挺过去了吗？"你是否会因为当初缺乏耐心而后悔？如果你再坚持一下，是不是就实现了梦想？

　　真正的成功是需要时间的，不是一夜之间就能万事大吉的，你得像爬楼梯那样一步一步来，不可能像乘电梯一样瞬间直升。成功的路上没有电梯，我们只能一步一步走。在人生的旅途中，耐心最为关键，它是治愈浮躁的法宝，是实现成功的心灵妙药。

第 12 章

如何管好自己的心态

心态看不见、摸不着,但是却实实在在地影响着我们每个人的命运。有什么样的心态,就会有什么样的人生。如果没有一个积极的心态,人就不可能做到自律。积极的心态可以使我们的人生之路越走越宽、生命的价值越来越大,成就事业、获得幸福。

1. 心态决定人生的处境

有什么样的心态就会有什么样的状态,一个人的状态往往决定了他的生存处境,决定着他的命运。

试想一下,为什么有些人就是比其他的人更成功、赚更多的钱、拥有不错的工作、良好的人际关系、健康的身体,整天快快乐乐地过着高品质的生活,似乎他们的生活就是比别人过得好?而许多人忙忙碌碌地劳作却只能维持生计?其实,人与人之间并没有多大的区别。但为什么有许多人能够获得成功,能够克服万难去建功立业,有些人却不行？不少心理学家发现，这个秘密就是人的"心态"。

关于心态，一位哲人说："你的心态就是你真正的主人。"一位伟人说："要么你去驾驭生命，要么是生命驾驭你。你的心态决定谁是坐骑，谁是骑师。"成功学大师戴尔·卡耐基说："人与人之间只有很小的差异，这很小的差异却造成了巨大的差异。很小的差异就是心态，巨大的差异就是不同心态产生的结果。"马斯洛又说："心若改变，你的态度就会跟着改变；态度改变，你的习惯就会跟着改变；习惯改变，你的性格就会跟着改变；性格改变，你的人生就会跟着改变。"

是的，有什么样的心态，就会有什么样的人生。一个人若是被一些消极的心态所左右，他的人生航船便很有可能驶入浅滩，失去发展的机会；一个人若是一生持有良好的心态，那么他的人生之路就会越走越宽，生活的景色就会越来越美，生活的价值就会越来越大。

因此，对一个生活和事业都想取得成功的人来说，心态非常重要。如果你保持积极的心态，掌握了自己的思想，并引导它为你明确的生活目标服务，你就能享受生活的美好。

环境不易改变，不如改变我们自己；性格不易改变，但是心态却可以调整。因此，你要激发你的潜力，改变你的心态。心态的不同必然导致人格和作为的不同，最终导致命运的不同。与其在抱怨中失去机会，不如在改造心态中练就本领。改变心态，幸福和成功才能和你拥抱，好心态是决定人生成败的关键因素。

在推销员中有这样一个故事一直广泛流传着：两个欧洲人到非洲去推销皮鞋，由于那里天气炎热，非洲人向来都是打赤脚。第一个推销员看到非洲人都打赤脚,立刻失望起来:"这里的人都打着赤脚,怎么会买我的鞋呢?"于是放弃努力,沮丧地打道回府。另一个推销员见到非洲人打着赤脚,惊喜万分:"这些人都没有皮鞋穿,这里的皮鞋市场大得很呢。"于是想方设法引导非洲人购买皮鞋,最后发了一笔大财。

成功与失败仅在一念之间,这就是心态的作用。同样是非洲市场,同样面对打赤脚的非洲人,由于一念之差,一个人灰心失望、不战而败,而另一个人则满怀信心、大获全胜。

心态是我们真正的主人,它能使我们成功,也能使我们失败。同一件事由具有两种不同心态的人去做,其结果可能截然不同。心态决定人的命运,不要因为自己的消极心态而使自己成为一个失败者。要知道,成功永远属于那些抱有积极心态并付诸行动的人。成功需要健康的心态,没有健康心态的成功早晚会出现漏洞,甚至会塌陷。为什么拿破仑能够顶住压力而叱咤风云?为什么海伦·凯勒在双目失明的情况下,心中依然有光明之梦?这都是健康心态所起的作用。

如若我们希望将自己的人生加以改变,最简单且唯一可行的方法即是将我们内心世界的想法付诸改变。我们将心态称为人格,它来源于我们头脑中的思想。当心态改变后,人格随之改变,最后直至改变身边的所有人、事物与环境。改变自身心态之路并非轻而易举,只有通过不懈的努力才有可能得以实现。当我们面对阻力时,我们可以运用视觉化的艺术作用援助自己,即将头脑印象中负面的消极图像用可令自己兴奋的正面图像加以取代,从而形成令自己满意的精神图像。在保存内心理想图像的同时，请不要忘记将要实现这些愿望时所必须具备的决心、能力、才华、勇气、力量或其他任何精神能量等一并储存，并放在你内心的最深处，因为这些图像所必不可少的因素会更加容易地将你的精神与理性完全融合和对接，赋予你头脑中的精神图像以勃勃的生机。

当我们追求目标时，请坚信自己可以达到理想中的最高境界，因为此时你已经被赋予了强大的力量源泉的支持，完全有能力应付眼前的一切。当你坚定不移地向着最高目标而努力，精神能量就一定会把最高理想的现实送至你的手中。百炼成钢的道理在这里依然适用，任何事物，只要你长期不懈地坚持，多次重复就会逐渐形成习惯，习惯后的行为在实施时显得是那样轻而易举。同时，如果你努力避免坏习惯，也会使你逐渐从中解脱。努力实践的过程并非一帆风顺，只要坚定这个付出必得的法则就可以战胜每一个困难险阻。你此时一定为这条法则而欢欣鼓舞，放心大胆地去实践它吧。

如果你想改变自己的世界、改变自己的命运，那么你首先应改变的是自己的心态。只要心态是积极的，那么你的世界就会是光明的，你的人生就会是成功的，你的命运就会是与众不同的。改造环境之前，最先要实现的是改变自己，而改变自己之前，最迫切的是改变自己的心态，因为每个人无法掌控生存环境，却可以掌控自己的心态，去选择自己的生活方式，即驾驭自己的人生。

2. 观念对了，世界就对了

改变世界，要先从改变自己开始；改变自己，要先从改变自己的心态开始。一个人的心态决定了他看这个世界的态度，心态对了，世界就对了。

常言道，人生在世，不如意事十之八九，这个道理似乎人人都懂，但很容易就被人忘记。很多人，一旦生活中遇到什么不如意的事情的时候，就感到世界和自己过不去，好像生活就该是一帆风顺似的。其实，仔细地想一想，究竟是世界和我们过不去，还是我们和世界过不去呢？答案不言自明。

是的，不要和这个世界过不去，和世界过不去其实就是和自己过不去。很多人都在生世界的气，对世界感到愤怒，然而有一天，你终会发现，不是这个世界错了，错的只是我们自己。可以说，世界永远都在那里，它什么都没变，太阳今天升起，明天依然会照常升起，仿佛一切都没改变，都是在永恒中运转。可我们呢？谁也不能保证我们的明天会怎样。当然，世界也不会在乎我们对它的看法，但是如果我们的看法错了，却会反过来伤害我们自己。

不要总是抱怨世界，把自己的不满全部发泄到世界身上，怨恨世界和社会没有给你提供一个更好的生存环境。你必须明白，世界是根据人的态度的改变而改变的,而不是以你的意志为转移的。这与你的智商无关,而是与你看待世界及他人的态度有关。如果你改变了自己的态度,你眼前的世界即使还是原来的那个世界,可在你眼里,它却变得不一样了,因为你变了,当你变得更完美时,世界也会跟着变得更加完美起来。所以,当你对了,世界就对了;当你对世界的看法对了,生活也就对了。

有这样一个故事。

有一位牧师正在考虑第二天如何布道,却总也想不出一个好的讲题,于是他很着急,而他6岁的儿子总是隔一会儿就来敲一次门,要这要那,弄得他心烦意乱。

为了安抚他的儿子,不让他来捣乱,情急之下,他把一本杂志内的世界地图夹页撕碎,递给儿子说:"来,我们做一个有趣的游戏。你回房子里去,如果你能把这张世界地图拼好还原,我就给你1美元。"

儿子出去后,他把门关上,得意地自言自语:"哈哈,这下终于可以清静清静了。"

谁知没过几分钟,儿子又来敲门,并说地图已经拼好,他有点儿诧异,也有点儿不太相信,就跟着儿子一块儿来到了儿子的房间。果然,那张撕碎的世界地图完完整整地摆在地板上。

"怎么会这么快?"牧师吃惊地看着儿子,不解地问。

"是这样的,"儿子说,"世界地图的背面有一个人的头像,头像对了,世界地图自然就对了。"

儿子无心说的一句话给了牧师深刻的启发,牧师慈祥地抚摩着小儿子的头,若有所悟地说:"说得好啊,人对了,世界就对了,我已经找到明天布道的题目了。"

这个故事提示了一个简单而又深刻的哲理:简言之,我们周围的世界取决于我们每个人,也就是我们的世界是什么样子取决于我们每个人是什么样子、取决于我们对世界的看法,而不是取决于世界,看法对了,世界就是对的。

如果你发现自己长期处在忧虑、痛苦中,就需要提醒自己在哪里出现了问题,因为人的正常状态是感到和谐而完满的。

其实,改变这个世界的关键就在于改变自己的想法。

改变自己的心态,就能改变自己的世界。

改变自己,实质就是改变自己对世界的看法。

改变世界,实质就是改变世界对自己的评价。

当你改变了自己的想法,拥有了快乐的思想和行为之后,快乐就如愿而至。

3. 工作态度决定人生高度

　　无论你做什么样的工作,都要摆正自己的工作心态,尽心尽力、尽职尽责,你的工作态度将决定你的成败。所以,一定要严格要求自己去积极进取。

　　人不能改变过去,但可以改变现在。
　　人不能改变别人,但可以改变自己。
　　人不能改变环境,但可以改变态度。
　　的确,很多事情我们无法选择也无法改变,譬如我们的出生,与其说我们出生了,不如说我们被出生了,但是我们却可以选择我们的工作态度,改变我们的工作态度。正如一位哲人所说:就算我们到最后什么都失去了,但至少我们还能以踏踏实实的态度、快快乐乐的心情去工作。当你改变了自己的工作态度,一切就都改变了。
　　所以,看一个人平时的工作态度,就能知道他是否有所成就。因为一个人的工作态度折射着他的人生态度,而人生态度决定了一个人一生的成就,决定了他一生能达到的高度。当一个人的态度明确时,他的各种才能就会发挥最大的效用,因而产生良好的效果。一个心态非常积极的人,无论他从事什么工作,他都会把工作当成是一项神圣的天职,并怀着浓厚的兴趣把它做好。

众所周知，除了少数天才，大多数人的禀赋相差无几。那么，是什么在造就我们、改变我们？是态度。态度是人们内心的一种潜在意志，是个人的能力、意愿、想法、价值观等在工作中所体现出来的外在表现。

然而，有人努力学习，因为他们相信提高自己的能力就能获得成功；有人烧香拜佛，他们希望这样才能碰到好的运气。殊不知，成功的主要因素就在自己身上，你的态度、想法、观念才是成败的关键所在。

中国台湾青年励志大师何飞鹏提出了世界上最简单的工作成就定律：$P=A^2$。

公式中，P（Performance）指工作成就，A（Ability 和 Attitude）指工作能力和工作态度。

工作成就定律就是一个人工作成就的大小等于工作能力乘以工作态度。在能力一定的前提下，工作态度越好，则工作成就就越大。工作能力不可能为零或者负数，而工作态度有可能存在正负，一旦为负，将给企业造成不可避免的损失。正的工作态度包括负责、积极、没有抱怨、不找借口、乐于学习、坚守道德底线、坚守职场伦理等。

所以，任何一个人，只要能够自律，完成好自己的本职工作，就会被企业所重视；踏实肯付出，就会被视为主力战将，并拥有独当一面的机会；以自律的精神面对工作，总是能用热忱感染周围的同伴，就能被众人推崇。反之，如果总是斤斤计较付出与获得是否对等，对公司文化缺乏认同感，以马马虎虎、得过且过的态度对待工作，那么就只能永远蹲守在次要的岗位上，百无聊赖地扮演着可有可无的角色。你希望自己的工作属于前者还是后者？在回答这个问题之前，或许应该先想想，自己能为工作付出到什么样的程度？付出与态度决定了第一个问题的答案，自律的工作态度是创造卓越绩效的首要前提。

一批新人同时进入公司担任相同的职位，做着同样的工作，若干年过去后，在同一群人里，有些人被炒鱿鱼，有些人留在原职位，仍旧做着同样的工作，有些人则一路平步青云，连年升职加薪，成为公司不可或缺的重要人物。为什么有这种差别？全凭运气的好坏吗？不，区别就在于是否能做到时时自律，是自律敦促人不断进步。从下面这则古老的故事中，或许可以更加直接地感受到自律的重要。

法国古代有一位剑术高超的击剑大师经过多年的精心挑选，选中了两位天赋极高的学生，传授他们剑术，希望他们能够继承自己的衣钵。

学生多戈认为自己天资聪颖、领悟力强，不费什么力气就能学会剑术招式，因此在大师传授剑术的时候总是想着邻家的少女和胜利的勋章，不肯在剑术上多下功夫。

而学生尼斯则不同了，他总是专注地聆听讲解，精心地揣摩剑术的奥妙，无事时便潜心钻研各派剑术的精妙所在。

几年过去了，学生尼斯的剑术大有长进，甚至有青出于蓝而胜于蓝的趋势，声名远扬，而学生多戈的剑术仍旧十分平庸，他会的那几个招式只够他在不懂剑术的朋友面前卖弄一下。

多戈感到很不公平，认为老师一定偏袒了尼斯，把较多的剑术传授给了他，于是便跑去质问老师，老师给他的回答十分简短，只有两个字——态度。

由此可见，在各方面条件相同的情况下，态度会直接影响一个人的发展与前程。

记得有这样一首诗，是泰国著名诗人西巫拉帕的作品，诗的名字叫《重要的是要能出类拔萃》，全诗如下："既然我们不是樱花，那就不要抱怨是别的什么，只要美丽就行。富士山只有一座，并非其他的山，就失去了存在的意义。既然你不是武士，那就做侍从好了。如果没有水手，那就谁也当不了船长。如果我们不去铺路，人们怎能行走？让我们去做供人驰骋的大道吧。世上有各种职务和工作，有的高些，有的低些。但我们都会有事可做。假如你做不了太阳，就甘当星星吧。假如你不是男人，也不必为做女人而惶愧。不管是什么，总得选择一样啊。问题不在于是什么，重要的是能够出类拔萃。"

这首充满了社会主义色彩的诗不仅让人想起了马克思的那句著名的话，按照马克思的社会主义观："社会分工不同，于是就有了文明。"也就是说，工作没有高低贵贱之分，每个人只是分工不同而已。

譬如，有人在农村干活，你在城市工作。为了生活，那些人早早起来去干他们的活儿，你也早早起来去上你的班。让那些人干你的工作不会出色，同样，你也干不好那些人的活儿。你能说他们干的是微不足道的小事，你做的就是大事情吗？

显然不能。所以即使你从事的不是什么"伟大的"工作，也不要自卑。要相信你的生命和你从事的工作和所有人的生命一样有价值、一样重要。无论多大的人物，无论他从事的是什么工作，他都不应该让你畏惧、退缩，更不应该让你自卑。要知道，每个人都是共生链上不可或缺的一分子。就像诗中所说的，问题不在于是什么，重要的是能够出类拔萃，将自己的工作做好。

不管你从事什么样的职业，就算你是一名普通的清洁工，你也要用正确的态度来对待你的工作，只有如此，你才有可能把它干好，才有可能获得成功。

总而言之，在这个世界上，没有卑微的工作，只有卑微的工作态度。正如比尔·盖茨所说："工作本身没有高低贵贱之分，而对于工作的态度却有高低之别。收获成功还是失败，在于你拥有怎样的态度。"又如 NTL 公司总裁罗伯特·威尔兹说："在公司里，员工与员工之间在竞争智慧和能力的同时，也在竞争态度。一个人的态度直接决定了他的行为，决定了他对工作是全力以赴还是敷衍了事；是安于现状还是积极进取。"

因此，每一名想要有所作为的人都能从自律中汲取力量，通过正确的工作态度迈向成功。当然，成功可能还需靠许多其他的条件相互配合，但至少以自律的态度面对工作绝对不会让自己成为一个无关轻重的边缘人。

4.感恩,让一切变得美好

生活中到处都有不满和抱怨,与其不停地抱怨,不如心怀感恩之心。感恩是一种生命态度,只要心存感恩,一切都将变得美好。

如前文所述,世界的不同不在于它本身,而是在于我们看待它的方式,也就是我们常常所说的世界观。世界观的不同决定着我们对这个世界有着不同的认识、不同的理解和看法。所以,除了外在之眼外,每个人还有一双眼睛,它不是长在脸上,而是长在心中,这就是心智的眼睛。这双心智的眼睛比另一双眼睛更重要,它告诉我们如何看待身外的世界、如何看待自己。当你拥有了一颗感恩之心,你就会用爱的眼睛看世界,而心中有了爱,爱便无处不在,所以,良好的心态能让你正确地看待人生与世界,重要的是你用什么样的眼睛去看待世界,一切皆取决于你看待世界的方式。

感恩是一种心态、一种对生命的态度,它不是天生的,而是后天培养出来的。所以,培养自己的感恩心、学会感恩是一门人生的必修课,学会了,才能真正懂得生活。只有抱着一颗感恩的心去生活,才能在心中充满爱,才能感悟到生活的真谛。一个懂得感恩的人才会真正感受到人生的幸福;而一个不知感恩的人是永远都不会满足的人,也是一个永远都不会快乐的人,他们整天只会忌妒别人、怨天尤人,只想着自己的利益、自己需要什么,从不关注这些东西是从哪儿来的。其实,我们每天的生活都在仰赖着他人的奉献,没有他人的奉献和付出,就没有我们每天的便利和快乐。

我们每个人都应该明白,生命的整体是相互依存的,世界上每一样东西都依赖其他每一样东西。无论是父母的养育、师长的教诲、配偶的关爱、他人的服务、大自然的慷慨赐予……人自从降生起,便沉浸在恩惠的海洋里。当一个人真正明白了这个道理,就会感恩大自然的福佑、感恩父母的养育、感恩社会的安定、感恩食之香甜、感恩衣之温暖、感恩花草鱼虫、感恩苦难逆境,就连自己的敌人也不忘感恩。因为真正促使自己成功、使自己变得机智勇敢、豁达大度的,不是优裕和顺境,而是那些打击、挫折和对立面。

心存感恩、知足惜福,人与人、人与自然、人与社会才会变得更加和谐。心存感恩的人才能收获更多的人生幸福和生活快乐,才能摒弃没有意义的抱怨。生活本身是非常丰富的,如果你自己不去寻找乐趣,而是天天责怪、抱怨生活,那只能说你自己本身就是一个无趣的人。

两个行走在沙漠里的旅人已行走多日,在他们口渴难忍的时候,正巧碰见一个赶骆驼的老人,老人给了他们每人半瓷碗水。两个人面对同样的半碗水,一个抱怨水太少,不足以消除他身体的饥渴,抱怨之下竟将半碗水泼掉了;另一个也知道这半碗水不能完全解除身体的饥渴,但他却拥有一种发自心底的感恩,并且怀着这份感恩的心情喝下了这半碗水。结果,前者因为拒绝这半碗水而死在沙漠之中,后者因为喝了这半碗水,终于走出了沙漠。

这个故事告诉我们，对生活怀有一颗感恩之心的人，即使遇上再大的灾难也能熬过去。当感恩者遇上祸，祸也能变成福，而那些常常抱怨生活的人即使遇上了福，福也会变成祸。

一位国王在林中散步，遇到并爱上了一位娇美的女子，决定娶她为后。女子也爱上了国王，于是欣然答应了国王的求婚，但她提出了一个要求："请在王宫旁给我搭一个简朴的小屋子，我每天会在里面待一个小时，不许偷看。"国王答应了，于是两人结合了，生活和美、安详、幸福。王后每天都会到屋子里待一个小时，无人能知其中的秘诀。20多年过去了，皇后越来越年轻、越来越漂亮。国王渐渐起了疑心：她难道是女巫吗？一天，国王终于忍不住好奇，偷偷跟踪王后。然而，他惊奇地发现，妻子未施任何法术，她只是坐在圆木凳子上，摘下王冠，褪下首饰，脱去王袍，赤裸地、沉静地坐着，脸上显现出一种宁静的光彩。

有时，我们是不是都应该有这么一间小屋呢？去里面梳理一下自己的心情呢？可能只占用你一天时间的几十分之一。但当你卸下种种委屈、怨气、虚荣、奢望去梳理自己的心情时，你就会接近内心的真实，找到真正的自己。

在茫茫尘世中，我们的心灵早已被岁月磨得粗糙和麻木，对于爱、对于感情早已不再心动，但是偶然间，一个善意的目光、一句美好的祝福还是会让我们的心为之一振，原来，世界上只有爱会给我们如此多的感动。

珍惜你的拥有，怀着一颗感恩的心生活；珍惜你的家，带着一颗惜福的心上路，你才会越走越踏实。因为，你的根扎在了大地上，扎进了泥土里。学会感恩吧，让不满和抱怨到此为止，感谢父母亲，感谢所有的亲人给你的爱和关心，感谢所有帮助过你的人给予的所有的温暖和感动。也感谢那些伤害过你的人，因为他们的伤害，才有了你的成长。

5. 停止抱怨，让心灵充满正能量

人生在世，要经历诸多的风雨磨难，面对万千辛苦，不应该抱怨、消沉，而应该克服负面情绪，如此，一切将变得简单。

每个人都会遇到困难，每个人都有自己的弱点，这些困难和弱点可能会成为我们迈向成功道路上的阻碍。已经成功的优秀者并非没有这些弱点，而是因为他们懂得自律、敢于挑战困难并且通过自律战胜自己的弱点。

例如，许多人虽然具备了获得成功的种种能力，但是却有一个致命的弱点：缺乏自信心、缺乏挑战的勇气。保守是这类人奉为真理的行事准则：开车绝对不走新路线、买饮料绝对不挑新口味、买衣服从不选择新颜色，简单地说，就是不喜欢改变既定习惯。在工作方面也是一样，对于已经做熟了的工作，就算再无聊、再枯燥、再怎么缺乏前瞻性,也不轻易考虑离职。可是也许你会想起之前说过,就算是例行公事也要尽本分吗?没错,就算无趣到极点、简单到不行的工作,优秀的人仍然会恪尽本分地完成它,但优秀的人也懂得时候到了脚步得向前跨出的道理,否则如何能获得成功呢?毕竟成功不会移尊就驾地来找你。

尽本分和缺乏自信是截然不同的,当你尽本分地做着无聊的工作时,可以从中寻找获得与享受,然后乐在其中,因为你掌握了选择权而选择尽本分。但缺乏自信者则不相同,因为没有尝试与突破的勇气,等同于被迫留在原地。当一个人被迫从事某些事情的时候,大概就很难从中感受到乐趣了。

保守不是坏事,但过于保守绝对会限制个人的发展。从工作上来说,为了避免错误,所以每当面对工作中不时出现的困难与挑战时,总是选择一躲再躲,想方设法地拖延,绝不主动发起攻势,更别说脑力激荡一下,寻求解决之道,因为"多做多错,少做少错,不做不错"就是他们的工作哲学。结果,终其一生也只能从事一些浅层次的平庸工作,错过了无数次更上一层楼的好机会。

这种自卑心理是沉重的精神枷锁,是一种消极的、不良的心境,它会消磨人的意志、弱化人的信念、淡化人的追求、钝化人的锐气,使人们畏缩不前,从自我怀疑和自我否定最终走向自我消沉和自我埋没。期望能在工作上有所成就的人一定要改变这种畏首畏尾的自卑心理。每个人都拥有不可预知的巨大潜能,你越相信自己,你就能越发出色地完成更多杰作。

莲花出淤泥而不染,所以更庄严清净;鲑鱼顺逆势而勇上,所以更健硕强壮;探索者不怕危险困难,于是可以挑战自己的体能极限。人生总是充满了种种的艰难困苦，这些困苦看起来阻挡了人前进的脚步，而事实上，这些屏障是淬炼人生的最好手段，是成功的催化剂。

很多人都在抱怨：我为什么那么不顺？但是他们从来没有想过，正是这些"不顺"才给了自己不断提升的可能。如果因为遇到一些逆境就自暴自弃，无疑等于浪费了生命对自己的恩赐。星云大师说："人生正是因为有着种种的横逆阻拦，而我们不断超越升华，才显出意义。因此，人生困顿，更要坚强；世道崎岖，更要勇敢；处世难公，更要自发；做人难正，更要实在。"

遇到人生中的逆境，千万别抱怨，因为抱怨是一个无底的深渊。遇到烦恼抱怨、遇到委屈抱怨、遇到困难抱怨……殊不知，过于抱怨生活，过于发泄对生活的不满，生活就会如数还给你，这就是生活的规律。

不抱怨的人能让自己变得睿智、坦荡，更容易获得成功。

抱怨是丧志之始、结仇之源、败德之行、造孽之因。所以，我们应该学会不抱怨地生活，在生活中尽量用自律的心态去克制自己的抱怨。每当你心有不满时，不妨细细思索：如果夫妻间总是相互指责，那么温馨的家庭生活就是镜花水月；如果朋友间总是互相埋怨，心灵相契的友谊就如阳光炙烤下的白雪；如果同事间无法平心静气地相处，团队的和谐和集体的力量就都是空谈。

人们在生活中都多多少少会遇到不顺心的事情。在平静的港湾中生活的人，很难体会到与风浪搏斗的乐趣，也很难享受到成功之后的喜悦。只有在风浪起伏中不抱怨，把握好航船的舵盘，从惊涛骇浪中勇敢穿行而过，才能体会到搏击的快乐。花繁柳密处拨得开，方见手段；风狂雨骤时立得定，才是脚跟。平静的湖面从来练不出精干的水手，只有那些经得起生活考验的人才能获取最后的成功。

6. 脚踏实地，才能一步步接近成功

要实现理想，必须抛除好高骛远的心态，必须要有脚踏实地的工作态度，不管旅途多么遥远和艰辛，都要一步一步地向前走。

一个人对工作的态度也反映着其对待人生和事业的态度。只有在任何时候都不好高骛远的人，才能脚踏实地地为自己的前程打下坚实的基础。反之，不但不能得到大的成功，小的成功也会与之失之交臂。正如沙漠是由一粒粒细沙堆成的，财富是由一枚枚硬币积累而成的一样，成功也是由一步一个脚印、一点一滴累积起来的。一个成功的人绝不会因为事小而弃之，他们知道任何一种成功都是从一点一滴积累起来的，没有这种心态就不可能获得更大的财富。

所以，想要成功的人最忌好高骛远、眼高手低，即使能力再强，也要从点滴的小事做起，为将来的成功积蓄能量。

中国香港某个大财团的继承人在进入自己家族企业掌管大权之前，并没有按照父亲的安排直接做总经理，而是先询问在公司的哪一个部门工作可以在最短的时间内对公司的情况有个大概的了解，

人们告诉他,如果想要最快了解公司情况,就得去人事部门从基层做起。于是,他力排众议,到人事部门做了一个小职员。

在人事部门工作时,他利用工作上的便利条件,在很短的时间内就弄清了公司的业务发展情况和公司员工的一些情况。半年后,他才正式走上了管理层的工作岗位。

在管理层工作之后,他开始利用自己当初掌握的第一手资料对公司运营中存在的弊端进行有针对性的改革:裁减了一批无所事事混日子的员工,提拔了一批有能力、有抱负的年轻人,并对公司账目进行清理。在短短一年内,公司的利润就得到了提升。

试想,如果这个年轻人没有一步一个脚印的实干精神,以当初"心安理得"的心态坐到总经理的位子上而没有深入基层去低级的岗位上亲身体验,怎么可能在短时间内就看出公司存在的弊端?又怎么可能如此迅速地对症下药,给公司带来良好的经济效益?这些成绩都源于他能够认清自己的角色与能力,肯从最基础的事情做起,以弥补自己的不足。

普通人拥有自己的梦想是可贵的,但更可贵的是拥有踏踏实实的人生态度,能甘于最基础的工作做起。要知道,最基础的工作并不见得是最简单的工作,更不是最低级的工作,在基层的工作中拥有无限智慧,等待我们去挖掘。

在现实生活中,很多人都渴望自己能够成为优秀人物,但仅有这种愿望还远远不够,必须要有脚踏实地的实干精神。普京说:"不能为了任何人都不明白的某种荒谬理想而工作,应该始终以现实为基础、为明天和后天生活的子孙后代而工作。"这就是一种踏实的务实精神。

当你还默默无闻，不被人重视的时候，不妨先放下自己对于物质追求、经济利益或辉煌未来的遐想，先做好普通人、普通事，这样你的视野将更开阔，也可能会从平凡的事情里面发现许多不平凡的奇迹。

正因为这样的人在生活中有一个使命，他们才不会无所事事。许多人对眼前的生活置之不顾，却把时间浪费在回忆过去或思考未来之中。这些人不懂得现在的每一时刻要比过去或将来重要得多。就像电影是由相互连接的分镜头组成的一样，你的生活也是由成千上万个瞬间构成的，所以千万不能忽视每一瞬间。

有一种非常有趣的动物名叫大黄蜂。有许多科学家曾经仔细研究过它，如果从动物学的角度来看的话，所有会飞的动物必须要有两个条件：一是体态轻盈，二是翅膀宽大。但是大黄蜂不具备这两个条件，它的身躯十分笨重，翅膀却显得过分窄小。如果依照经典动物学的理论，大黄蜂是无论如何也飞不起来的。可是在自然界中，只要是一只正常的大黄蜂是肯定能够顺利起飞的，而且它的飞行速度似乎并不比其他能飞的动物慢。这种事实的存在仿佛是大自然和科学家们开了一个大玩笑。

然而，动物学家解决不了的问题却被社会学家揭开了谜底。社会学家们经过研究发现，每只大黄蜂在它长大之后就必须飞起来去觅食，否则就会被活活饿死，所以它们才能用自己窄小的翅膀拖动庞大的身躯飞向天空，这正是大黄蜂之所以能够飞得那么高的奥秘所在。

平凡的大黄蜂能够超越平凡，靠的就是一个最简单的理由——生存。因此，生命中最大的奇迹都是从最踏实的地方开始的。生活中的我们也是如此，艰难险阻不可避免，我们只有踏踏实实一天天地过下去，才能经历风雨见彩虹。如果只想着辉煌而忽视了最基本的事情，往往会变成缺乏斗志、没有切实理想和抱负的空想家，这样的人不会受到他人的欢迎。只有像顽强的大黄蜂一样，把最基本的事情作为出发点，然后向所谓的"不可能"发起挑战，才会让人刮目相看，在前进的路上获得更多的认可和支持，最终由平凡走向伟大。

一个园艺所刊登了一份启示：重金征求纯白色金盏花。由于酬劳相当丰厚，所以在当地一时引起了轰动，高额的奖金让很多人十分动心。但在千姿百态的自然界中，金盏花只有金色和棕色两种，想要培植出白色的金盏花肯定不是一件容易的事情。所以许多人一阵热血沸腾之后，就把那则启事抛到九霄云外去了。

一晃20年过去了，一天，那家园艺所意外地收到了一封热情的应征信和一粒纯白色金盏花的种子。当天，这件事就在当地传开了，引起了人们的议论。当时人们纷纷猜测，这个成功培植白色金盏花的人到底是哪位科学家。

过了几天，人们才知道，寄种子的人原来不是什么专家，而是一个年逾古稀的老人。老人是一个非常喜欢种植花草的人，当她20年前偶然看到那则启事后，便怦然心动。她不顾8个儿女的一致反对，义无反顾地干了下去。

当时，这个老人撒下了一些普通的金盏花种子，精心侍弄。一年之后，这些种子全部开花了，她从那些金色的、棕色的花中挑选了一朵颜色最淡的花，等到这枝花枯萎之后，取得了一些种子。次年，她又把这些种子种下去，然后再从这些花中挑选出颜色更淡的花的种子栽种……

日复一日、年复一年，终于在20年之后，她在自己的花园中看到了一朵金盏花，这是一朵银如雪的白色金盏花。于是，一个连专家都解决不了的问题终于在一个不懂遗传学的老人长期的努力下迎刃而解了。

这就是踏实做事、从平凡走向辉煌的典范。

时间证明，那些最伟大的成就大多数是从平凡中蜕变而来的；那些最伟大的人也都曾经历过平凡。安徒生当过学徒、惠特曼做过工匠、狄更斯成名前是缮写工、高尔基甚至干过码头苦力。他们都曾平凡，但是正由于他们能在平凡中踏实工作，所以成就了伟大。平凡之所以能频繁地孕育出伟大，是因为成功需要两大先决条件：平和的心态和丰富的实践。而这两样恰是平凡人最容易拥有的。也许正如左拉所说："没有平凡的经历，就不能产生伟大的业绩。"

7. 释放心情，给心灵放个假

自律不仅要严格要求自己，不断地自我反省、自我约束，还应该张弛有度，学会释放自己的心灵，让心从紧张、繁忙的工作中解压、放松，这样才能更好地风雨兼程。

压力是一种无形的伤害，不管它来自何方，它都会不可避免地伴随我们过完一生，对于我们的生理、心理和行为产生很多的不利影响。

有些人认为，自律就是应该让自己努力做事，不管压力多大都不能逃避，这其实是一种错误的看法。真正的自律应该是在自己压力范围之内的自律精神。如果一个人片面地要求自己自律而完全忽视了自己承受压力的水平，也是得不偿失的。

早在 2003 年的时候，北京某调查公司通过网络调查的方式针对北京 415 名 20~50 岁的职业白领（男性占 45.8%，女性占 54.2%）进行工作压力的调查研究。结果显示，41.1% 的职场白领们在较大的工作压力中疲于奔命，61.4% 的职场白领们正承受着不同程度的心理疲劳。

某杂志中文版曾经对 1576 名企业高级管理人员进行的一项调查显示：70% 的企业高管感觉自己当前承受的压力非常之大，其中 21% 的企业高管认为自己压力大过于危害健康的程度。在此次调查中，55% 的调查对象为企业的最高管理层人员，其中有董事长、总裁和总经理等岗位人员，其余的45%是企业中层主管级人员。在性别构成中，男性占85%。调查显示，企业高管自我感觉到的压力与他们的性别和职位有着非常明显的相关性。男性企业高管自我描述的压力明显高于女性企业高管。

调查进一步显示出，职务较高的企业管理者和职务较低的企业管理者的压力来源具有一定差异。最高管理层压力源排前5位的是：个人职责、企业气氛、角色矛盾、人际关系和日常琐事；较低一级的企业管理者的压力源排前5位的是：职业前景、企业气氛、人际关系、个人职责和角色矛盾。

其实，这些职场人之所以压力太大，就是因为没有客观地评估自己的压力水平，他们把不顾一切地投入当作是自律，这其实是错误的。

人们给自律的定义是：针对自身的情况，以一定的行为标准和行为准则指导自己的言行，严格要求自己和约束自己。要严格要求自己，我们就要看到一个关键词，那就是必须针对自身的情况。如果一个人不针对自己的情况，盲目地要求自己就意味着要承担超负荷的压力，最终会让自己的心态产生负面的变化，进而影响到自己的身体健康。

这项调查还清楚地显示：25岁以下高级企业管理者的心力衰竭水平程度明显高于年纪更大的人。某家企业咨询服务中心的首席顾问张西超认为，25岁以下的职场白领们急于证明自己的能力，但同时容易不断地为自己增加压力，结果导致自身相对欠缺应对压力的能力和经验，非常容易出现心力衰竭的现象。

同时，产生的压力还和各种疾病有关，如冠心病、高血压、糖尿病、脑梗塞、高黏滞血症、高尿酸症等职业病正是危害职场白领身体健康和事业发展的重要原因,"过劳死"所产生的悲剧也不断地让更多的人惊醒,职场白领的压力开始越来越引起人们的广泛关注和重视。如何减轻自身过于沉重的压力、保持适度的压力环境、提高工作效率以及如何从高强度的工作负荷中解脱出来而使自己快速地成长起来,已经成为众多职场白领们很关注或需要马上去考虑的重要问题了。